1re
Tle

Les méthodes indispensables de la physique-chimie

Réviser Comprendre S'entraîner

Sous la direction de Denis Regaud

Vincent Couturaud
Professeur au lycée de L'Emperi
Salon-de-Provence

Valérie Herrero
Professeur au lycée de L'Emperi
Salon-de-Provence

Denis Regaud
Professeur au lycée polyvalent Adam de Craponne
Salon-de-Provence

Cahier de l'élève

Nom ....

Prénom ....

Classe ....

Collection ESPACE

bordas éditeur

Comment bien utiliser votre cahier

Chaque fiche est organisée de la même façon.

1. Révisez la méthode générale à partir d'une situation.

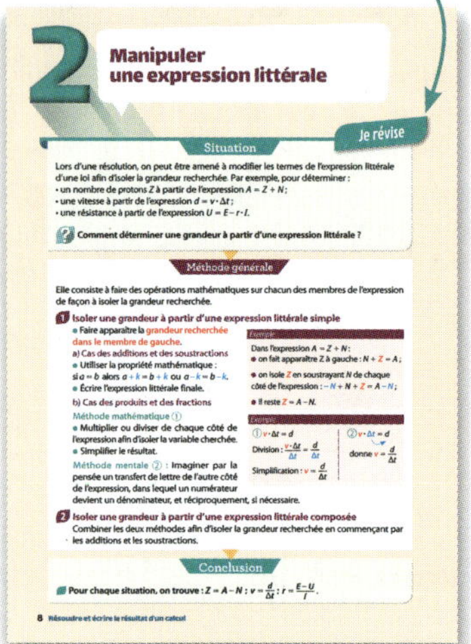

2. Étudiez les exemples corrigés détaillés proposés.

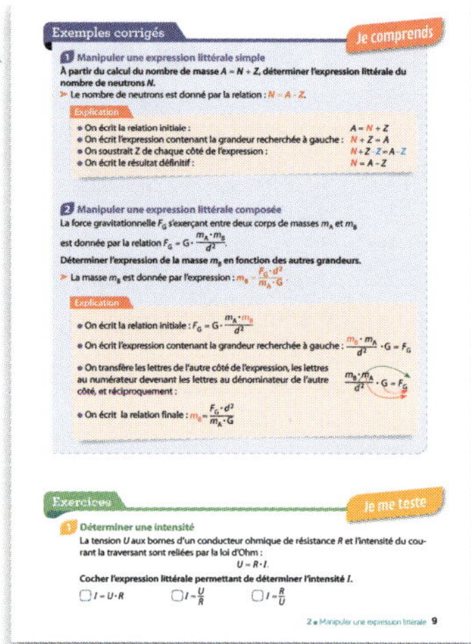

3. Entraînez-vous grâce aux exercices de difficulté graduée.

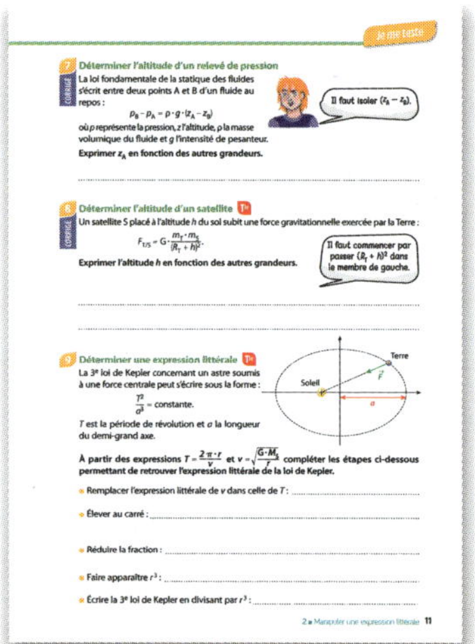

8 CORRIGÉ Cet exercice est corrigé en fin de cahier (p. 106-108)

Tle Cet exercice ou cette fiche est de niveau Terminale.

Crédits photographiques :
6 © Nathalie Lasserre ; **56** © 5second / ADOBE STOCK ; **58** © OlegKovalevich / ADOBE STOCK ; **61 ht g** © Rugged Studio / SHUTTERSTOCK ; **61 ht d** © Tadzio / ADOBE STOCK ; **61 bas g** © Heinteh / ADOBE STOCK ; **61 bas d** © JEULIN / ref.713977- 2020 ; **62 ht g** © Ggw / SHUTTERSTOCK ; **62 bas g** © PIERRON - ASCO & CELDA ; **85** © Scott Olson / 2014 Getty Images/ AFP ; **90** © Craig Walton / SHUTTERSTOCK ; **91** © Giphotostock / SPL ; **94** © Frédéric Massard / ADOBE STOCK ; **102** © Giphotostock / SPL.

Coordination éditoriale : Christelle Lequesne
Édition : Nathalie Legros
Réalisation /schémas : Domino
Recherche iconographique : Nathalie Lasserre
Illustratrice : Virginie Vidal
Fabrication : Jean-Philippe Dore
Direction artistique : Pierre Taillemite
Couverture : David Bart

FSC www.fsc.org MIXTE Papier issu de sources responsables FSC® C022030

Bordas est un éditeur qui s'engage pour la préservation de l'environnement et utilise du papier issu de forêts gérées de manière responsable et d'autres sources contrôlées.

Ce cahier a été imprimé en France en mars 2021 par Clerc, imprimeur certifié IMPRIM'VERT®

N° de projet : 10268077 • Dépôt légal : mars 2021

Sommaire

 • ISBN : 978-2-04-733834 -6

1 Faire la différence entre une grandeur, sa variation et son unité

Je révise

Situation

Lors d'un examen médical, une consigne habituelle est : « Monte sur la balance et dis-moi combien de kilos tu fais ». La question exacte à poser serait « quelle est ta masse ? ». La question initiale induit une confusion entre une grandeur et son unité.

? Comment différencier une grandeur ou sa variation d'une unité ?

Méthode générale

Elle consiste à identifier une grandeur et sa représentation, puis son unité.

1 Identifier une grandeur

a) Reconnaître une grandeur

- Une grandeur peut être **mesurée par une expérience ou calculée à partir d'une relation** entre d'autres grandeurs.
- Une grandeur est **repérée et nommée par son symbole**, c'est-à-dire par la lettre utilisée pour la représenter.

b) Distinguer une grandeur et la variation de cette grandeur

- La **variation d'une grandeur** symbolisée par Δ consiste à faire la **différence entre la valeur finale et la valeur initiale d'une même grandeur**.
- Selon la grandeur considérée, cette variation peut prendre une autre signification bien que leur unité soit la même.

Exemples

- ΔE_c est une variation d'énergie cinétique alors que E_c est une énergie cinétique.
- Δt est une durée alors que t est une date.

2 Identifier une unité

- Une unité **donne un sens mesurable à une grandeur**.
- Chaque unité est **représentée par une lettre** pouvant être complétée par un « préfixe » désignant un multiple ou un sous-multiple. Par exemple, k pour 10^3, M pour 10^6, m pour 10^{-3} ou µ pour 10^{-6}. Fiche 4

Conclusion

La masse est une grandeur mesurable représentée par la lettre *m*. L'unité utilisée est le kilogramme de symbole kg. Le préfixe k remplace 10^3, et donc kg signifie 10^3 g.

Exemples corrigés

Je comprends

Sur le billet de train d'un TGV parcourant les 687 kilomètres séparant Paris de Nice, l'heure de départ lue est 11 h 25 min et celle d'arrivée est 17 h 27 min.

1 Distinguer grandeur et unité

Identifier la grandeur et son unité associée correspondant au nombre « 687 » figurant dans l'énoncé.

➤ La **distance** est la grandeur et son unité est le **kilomètre**.

Explication

Le texte de l'énoncé fait référence à 687 kilomètres. La grandeur correspondant est une distance. Cette valeur est accompagnée de l'unité m précédée du préfixe k pour 10^3.

2 Calculer une variation

Calculer la durée du trajet.

➤ Δt = 17 h 27 min – 11 h 25 min

Δt = 6 h 02 min

Explication

La variation entre les deux dates fournies représente la durée du trajet.

Exercices

Je me teste

1 Différencier des grandeurs et des unités

CORRIGÉ

Dans les expressions suivantes les grandeurs et les unités ont été mélangées :

poids • volt • mètre par seconde • longueur • seconde • ampère • masse volumique et énergie.

Distinguer les grandeurs des unités en les plaçant dans la colonne correspondante.

Grandeurs	Unités
....	....
....	....
....	....
....	....

2 Distinguer différents types de grandeurs

Certaines grandeurs peuvent être calculées car composées de grandeurs élémentaires mesurées. Par exemple, le poids d'un objet peut être calculé à partir de la masse de l'objet.

Cocher les grandeurs calculées.

☐ Densité ☐ Vitesse ☐ Longueur ☐ Masse

3 Trouver les couples

CORRIGÉ

Quantité de matière • • dm^3

Masse • • µmol

Volume • • $g{\cdot}dm^{-3}$

Masse volumique • • kg

4 Connaître la signification d'un symbole

Pour chaque symbole, écrire en toutes lettres le nom de la grandeur ou de l'unité correspondante.

Symbole	Grandeur
f	....
T	....
F	....
V	....

Symbole	Unité
Pa	....
V	....
A	....
W	....

5 Lire les données d'un emballage

Identifier les grandeurs et leur unité indiquées sur l'emballage des ampoules.

Indication	Grandeur	Unité
40 W	....	....
470 lm	....	....

6 Reconnaître un ordre de grandeur

Un ordre de grandeur est un nombre représentant de façon simplifiée et approximative la mesure d'une grandeur. Selon la dimension principale des objets mesurés, il est nécessaire de choisir un préfixe adapté à l'échelle.

Cocher les objets pour lesquels l'expression de l'unité de mesure est cohérente.

- ☐ Rayon terrestre en km
- ☐ Épaisseur d'un cheveu en km
- ☐ Rayon atomique en m
- ☐ Longueur d'un stylo en cm

7 Faire appel à ses connaissances

Certaines grandeurs n'ont pas d'unités : en citer plusieurs.

....

8 Ajouter les mots manquants

Compléter le texte suivant.

La température étant mesurable avec un ...., il s'agit donc d'une ....
Son .... de mesure dans le système international est le .... mais un thermomètre de Celsius la mesure en .... Elle se mesure en .... dans les pays anglosaxons.

9 Reconnaître l'expression d'une variation Tle

CORRIGÉ

Associer chaque variation d'une grandeur à son expression littérale.

Données : m représente la masse, z la hauteur, v la vitesse et g l'intensité de la pesanteur.

- $\Delta E_{\text{potentielle de pesanteur}}$ •
- $\Delta E_{\text{cinétique}}$ •

- • $\frac{1}{2} m \cdot (v_B^2 - v_A^2)$
- • $m \cdot g \cdot z_A$
- • $\frac{1}{2} m \cdot v_B^2$
- • $m \cdot g \cdot (z_A - z_B)$

10 Calculer une variation Tle

En dévalant en snowboard une pente, un skieur subit une variation d'énergie potentielle de $-3{,}78 \times 10^5$ J. Sa masse est de 72,0 kg.
La pente présente une dénivellation de 355 m : vrai ou faux ?

Cocher la réponse correcte.

Donnée : $g = 9{,}81$ USI.

☐ Vrai ☐ Faux

11 Utiliser la variation d'une grandeur Tle

CORRIGÉ

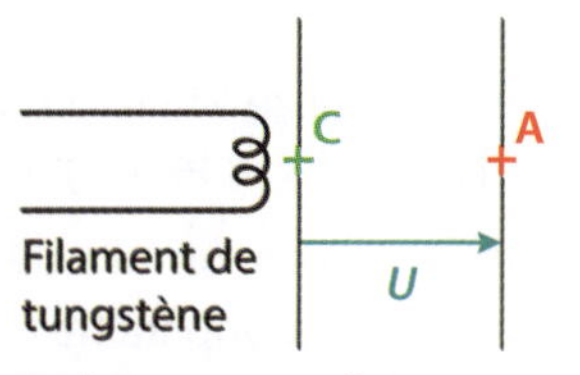

Des électrons de charge électrique $-e$ et de masse m émis par un filament de tungstène chauffé sont introduits au point C de l'armature chargée positivement d'un condensateur, avec une vitesse v_C nulle. Ils sont accélérés grâce à une tension $U_{AC} > 0$ et arrivent à l'armature chargée négativement en A avec une vitesse v_A. Lors de l'accélération, les électrons ne subissent que la force électrique.

En utilisant la variation d'énergie cinétique entre les points A et C, montrer que l'expression de la grandeur vitesse en A est $v_A = \sqrt{\dfrac{2e \cdot U_{AC}}{m}}$.

....

....

12 Analyser une situation Tle

Un grêlon de masse $m = 13{,}0$ g chutant d'une hauteur $h = 1\,500$ m sans vitesse initiale arrive au sol avec une vitesse v_{sol} suffisamment élevée pour causer de gros dégâts. Sans frottements, l'énergie mécanique E_m est constante.

En étudiant la variation de l'énergie mécanique entre la hauteur h et le sol, montrer que la grandeur vitesse au sol devrait avoir pour valeur $v_{sol} = 618$ km·h^{-1} !

Donnée : $g = 9{,}81$ USI

....

....

....

....

2 Manipuler une expression littérale

Je révise

Situation

Lors d'une résolution, on peut être amené à modifier les termes de l'expression littérale d'une loi afin d'isoler la grandeur recherchée. Par exemple, pour déterminer :
- un nombre de protons Z à partir de l'expression $A = Z + N$;
- une vitesse à partir de l'expression $d = v \cdot \Delta t$;
- une résistance à partir de l'expression $U = E - r \cdot I$.

? Comment déterminer une grandeur à partir d'une expression littérale ?

Méthode générale

Elle consiste à faire des opérations mathématiques sur chacun des membres de l'expression de façon à isoler la grandeur recherchée.

1 Isoler une grandeur à partir d'une expression littérale simple

- Faire apparaître la grandeur recherchée dans le membre de gauche.

a) Cas des additions et des soustractions

- Utiliser la propriété mathématique : si $a = b$ alors $a + k = b + k$ ou $a - k = b - k$.
- Écrire l'expression littérale finale.

b) Cas des produits et des fractions

Méthode mathématique ①

- Multiplier ou diviser de chaque côté de l'expression afin d'isoler la variable cherchée.
- Simplifier le résultat.

Méthode mentale ② : Imaginer par la pensée un transfert de lettre de l'autre côté de l'expression, dans lequel un numérateur devient un dénominateur, et réciproquement, si nécessaire.

Exemple

Dans l'expression $A = Z + N$:
- on fait apparaître Z à gauche : $N + Z = A$;
- on isole Z en soustrayant N de chaque côté de l'expression : $-N + N + Z = A - N$;
- il reste $Z = A - N$.

Exemple

① $v \cdot \Delta t = d$

Division : $\frac{v \cdot \Delta t}{\Delta t} = \frac{d}{\Delta t}$

Simplification : $v = \frac{d}{\Delta t}$

② $v \cdot \Delta t = d$ donne $v = \frac{d}{\Delta t}$

2 Isoler une grandeur à partir d'une expression littérale composée

Combiner les deux méthodes afin d'isoler la grandeur recherchée en commençant par les additions et les soustractions.

Conclusion

Pour chaque situation, on trouve : $Z = A - N$; $v = \frac{d}{\Delta t}$; $r = \frac{E - U}{I}$.

Exemples corrigés

Je comprends

1 Manipuler une expression littérale simple

À partir du calcul du nombre de masse $A = N + Z$, déterminer l'expression littérale du nombre de neutrons N.

➤ Le nombre de neutrons est donné par la relation : $N = A - Z$.

Explication

- On écrit la relation initiale : $A = N + Z$
- On écrit l'expression contenant la grandeur recherchée à gauche : $N + Z = A$
- On soustrait Z de chaque côté de l'expression : $N + Z - Z = A - Z$
- On écrit le résultat définitif : $N = A - Z$

2 Manipuler une expression littérale composée

La force gravitationnelle F_G s'exerçant entre deux corps de masses m_A et m_B est donnée par la relation $F_G = G \cdot \frac{m_A \cdot m_B}{d^2}$.

Déterminer l'expression de la masse m_B en fonction des autres grandeurs.

➤ La masse m_B est donnée par l'expression : $m_B = \frac{F_G \cdot d^2}{m_A \cdot G}$.

Explication

- On écrit la relation initiale : $F_G = G \cdot \frac{m_A \cdot m_B}{d^2}$
- On écrit l'expression contenant la grandeur recherchée à gauche : $\frac{m_B \cdot m_A}{d^2} \cdot G = F_G$
- On transfère les lettres de l'autre côté de l'expression, les lettres au numérateur devenant les lettres au dénominateur de l'autre côté, et réciproquement : $\frac{m_B \cdot m_A}{d^2} \cdot G = F_G$
- On écrit la relation finale : $m_B = \frac{F_G \cdot d^2}{m_A \cdot G}$

Exercices

Je me teste

1 Déterminer une intensité

La tension U aux bornes d'un conducteur ohmique de résistance R et l'intensité du courant la traversant sont reliées par la loi d'Ohm :

$$U = R \cdot I.$$

Cocher l'expression littérale permettant de déterminer l'intensité I.

☐ $I = U \cdot R$ ☐ $I = \frac{U}{R}$ ☐ $I = \frac{R}{U}$

Exercices

2 Utiliser la méthode mentale

CORRIGÉ

La concentration en masse c_m d'un soluté en solution est liée à la masse de soluté dissous m et au volume de solution V par l'expression $c_m = \frac{m}{V}$.

Cocher le transfert mental de lettres permettant de déterminer m à partir de cette expression.

☐ 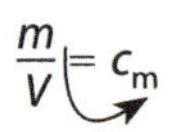

☐ 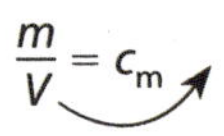

☐ 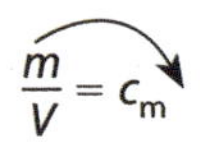

3 Déterminer une période

La fréquence f d'une onde et la période T sont reliées par la relation $f = \frac{1}{T}$.

Cocher l'expression littérale permettant de déterminer la période.

☐ $T = f$ ☐ $T = \frac{f}{1}$ ☐ $T = \frac{1}{f}$

4 Déterminer une distance

CORRIGÉ

Compléter les étapes ci-dessous permettant de déterminer l'expression littérale de la distance d séparant deux corps soumis à la force d'attraction gravitationnelle :

$$F_G = G \cdot \frac{m_A \cdot m_B}{d^2}.$$

- Relation initiale : ....
- Inverser la relation : ....
- Isoler d^2 : ....
- Donner l'expression de d : ....

5 Déterminer une expression en optique

Lors de la réfraction de la lumière entre deux milieux transparents 1 et 2, le rayon réfracté obéit à la loi de Snell-Descartes : $n_1 \cdot \sin i_1 = n_2 \cdot \sin i_2$.

Cocher l'expression littérale permettant de déterminer $\sin i_2$.

☐ $\sin i_2 = \frac{n_1 \cdot \sin i_1}{n_2}$ ☐ $\sin i_2 = \frac{n_2}{n_1 \cdot \sin i_1}$

6 Trouver la relation correcte

La quantité de matière d'une molécule est donnée par la relation $n = \frac{N}{N_A}$, N est le nombre de molécules et N_A le nombre d'Avogadro.

Cocher la réponse correcte du nombre de molécules.

☐ $N = \frac{n}{N_A}$ ☐ $N = \frac{N_A}{n}$ ☐ $N = n \cdot N_A$

7 Déterminer l'altitude d'un relevé de pression

CORRIGÉ

La loi fondamentale de la statique des fluides s'écrit entre deux points A et B d'un fluide au repos :

$$p_B - p_A = \rho \cdot g \cdot (z_A - z_B)$$

où p représente la pression, z l'altitude, ρ la masse volumique du fluide et g l'intensité de pesanteur.

Exprimer z_A en fonction des autres grandeurs.

....

8 Déterminer l'altitude d'un satellite Tle

CORRIGÉ

Un satellite S placé à l'altitude h du sol subit une force gravitationnelle exercée par la Terre :

$$F_{T/S} = G \cdot \frac{m_T \cdot m_S}{(R_T + h)^2}.$$

Il faut commencer par passer $(R_T + h)^2$ dans le membre de gauche.

Exprimer l'altitude h en fonction des autres grandeurs.

....

....

9 Déterminer une expression littérale Tle

La 3e loi de Kepler concernant un astre soumis à une force centrale peut s'écrire sous la forme :

$$\frac{T^2}{a^3} = \text{constante}.$$

T est la période de révolution et a la longueur du demi-grand axe.

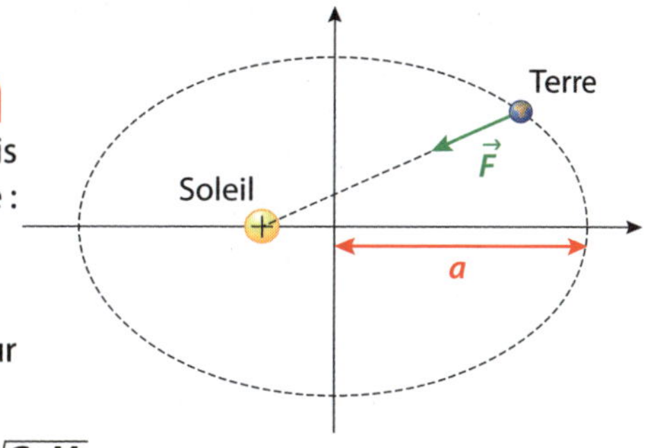

À partir des expressions $T = \frac{2\pi \cdot r}{v}$ et $v = \sqrt{\frac{G \cdot M_S}{r}}$ compléter les étapes ci-dessous permettant de retrouver l'expression littérale de la loi de Kepler.

- Remplacer l'expression littérale de v dans celle de T : ....
- Élever au carré : ....
- Réduire la fraction : ....
- Faire apparaître r^3 : ....
- Écrire la 3e loi de Kepler en divisant par r^3 : ....

3 Reconnaître et utiliser la proportionnalité

Je révise

Situation

Un groupe d'élèves a mesuré l'intensité du courant traversant un conducteur ohmique et la tension à ses bornes. Les valeurs de I et de U sont rassemblées dans le tableau ci-dessous.

I (en A)	0	0,030	0,060	0,12	0,18	0,24	0,30
U (en V)	0	1,5	3,0	6,0	9,0	12	?

S'agit-il d'une situation de proportionnalité ? Comment faire pour compléter le tableau ?

Méthode générale

Dans une situation de proportionnalité, le graphique représentant une grandeur en fonction de l'autre est une droite passant par l'origine.

Elle consiste à calculer le quotient des valeurs des deux grandeurs, vérifier si ce quotient est constant et, dans ce cas, l'utiliser pour déterminer les valeurs inconnues.

1 Reconnaître une situation de proportionnalité

- Calculer le quotient des valeurs des deux grandeurs étudiées.
- On reconnaît une situation de proportionnalité quand ce quotient est constant, sa valeur est celle du **coefficient de proportionnalité**, que l'on note k.

Exemple

Le calcul du quotient $\frac{U}{I}$ peut être effectué en rajoutant une ligne supplémentaire au tableau :

I (en A)	0	0,030	0,060	0,12	0,18	0,24
U (en V)	0	1,5	3,0	6,0	9,0	12
$\frac{U}{I}$	X	50	50	50	50	50

2 Déterminer une valeur inconnue du tableau

Deux méthodes sont possibles :

① **Utiliser le coefficient de proportionnalité.** À partir de la relation de proportionnalité établie $U = k \cdot I$, il permet de calculer pour une valeur de I la valeur de U correspondante, et réciproquement.

② **Utiliser le tableau de proportionnalité.**

Exemple

① Pour $I = 0{,}30$, $U = 50 \times 0{,}30$.

② En prenant les deux dernières colonnes du tableau, le calcul pour obtenir la valeur manquante est :

$$\frac{12 \times 0{,}30}{0{,}24}$$

0,24	0,30
12	?

Conclusion

Le calcul du quotient obtenu donne la valeur constante $k = 50\ \Omega$. Il s'agit donc d'une situation de proportionnalité. La valeur manquante est 15 V.

Exemples corrigés

Je comprends

1 Reconnaître une situation de proportionnalité

Les valeurs de l'intensité du courant circulant dans une lampe et de la tension à ses bornes sont relevées dans le tableau ci-dessous. **Est-ce une situation de proportionnalité ?**

***I* (en A)**	0	0,07	0,11	0,13	0,16	0,18	0,19
***U* (en V)**	0	0,50	1,0	1,5	2,0	2,5	3,0

➤ Le quotient n'est pas constant. **Ce n'est pas une situation de proportionnalité.**

Explication

On calcule le quotient $\frac{U}{I}$ pour toutes les valeurs de U et de I en les reportant dans une ligne supplémentaire du tableau :

$\frac{U}{I}$	$\frac{0,50}{0,07} = 7$	$\frac{1,0}{0,11} = 9,1$	$\frac{1,5}{0,13} = 12$	$\frac{2,0}{0,16} = 13$	$\frac{2,5}{0,18} = 14$	$\frac{3,0}{0,19} = 16$

2 Utiliser la proportionnalité

a. Le poids P de différentes masses marquées est mesuré avec un dynamomètre. Les valeurs du poids P et de la masse m sont consignées dans le tableau ci-dessous.

***m* (en kg)**	0,300	0,500	1,25	2,50	3,00
***P* (en N)**	2,94	4,91	12,3	24,5	29,4

Les grandeurs étant proportionnelles, déterminer l'intensité de la pesanteur g correspondant au quotient $\frac{P}{m}$.

➤ Le calcul du quotient donne g = **9,81** $N \cdot kg^{-1}$.

b. Lors d'une dilution, les volumes des solutions mère $V_{mère}$ et fille V_{fille} sont reliés par le facteur de dilution F selon la relation $V_{fille} = F \cdot V_{mère}$.

Calculer le volume de solution mère $V_{mère}$ à prélever pour fabriquer une solution diluée 10 fois de volume V_{fille} = 250 dm³.

➤ La solution mère étant diluée 10 fois, $V_{mère}$ est 10 fois plus petit que V_{fille}, ce qui se traduit par :

$$V_{mère} = \frac{V_{fille}}{10} = \frac{250}{10} = 25 \text{ dm}^3.$$

Explication

$V_{mère}$	V_{fille}
?	250 dm³

× 10

Exercices

Je me teste

1 Reconnaître une relation de proportionnalité

La loi d'Ohm relie la tension U aux bornes d'un conducteur ohmique de résistance R et l'intensité I du courant le traversant. Des mesures ont permis d'obtenir pour U = 5,0 V, I = 1,5 A.

Cocher la réponse permettant de vérifier s'il s'agit d'une relation de proportionnalité entre les valeurs de U et de I.

☐ $R = 5,0 \times 1,5$ ☐ $R = \frac{5,0}{1,5}$ ☐ $R = 5,0 - 1,5$

2 Trouver un coefficient de proportionnalité

CORRIGÉ

Le 21 juillet 1969, Neil Amstrong a posé le pied sur la Lune. La valeur de son poids P sur la Lune valait 224 N et la valeur de sa masse m était de 140 kg.

En utilisant une proportionnalité, cocher la valeur correcte de l'intensité de pesanteur g en $N \cdot kg^{-1}$ sur la Lune.

☐ $g = 1{,}60$ ☐ $g = 3{,}14 \times 10^4$ ☐ $g = 84$

3 Utiliser la proportionnalité pour trouver une valeur manquante

CORRIGÉ

La masse volumique d'un liquide utilise la proportionnalité entre la masse et le volume de ce liquide.

Compléter le tableau ci-dessous.

Masse (en kg)	Volume (en dm^3)
1,3	1,0
....	2,0
....	5,0
3,0	....

4 Calculer un nombre d'atomes

CORRIGÉ

Un échantillon de cuivre a une masse de 5,3 g.

Compléter le tableau de proportionnalité afin de calculer le nombre d'atomes présents dans l'échantillon.

Donnée : La masse d'un atome de cuivre est de $1{,}06 \times 10^{-25}$ kg.

Nombre d'atomes	Masse
....	....
N	....

Nombre d'atome contenus dans l'échantillon : N = ... atomes.

5 Calculer une quantité de matière

La combustion complète du butane nécessite 13 mol de dioxygène pour 2,0 mol de butane.

Déterminer la quantité minimale de dioxygène pour brûler totalement 12 mol de butane.

Quantité minimale de dioxygène : .... mol.

Construire un tableau de proportionnalité :

n(butane) (en mol)	n(dioxygène) (en mol)
....	....
....	?

6 Reconnaître une situation de proportionnalité

CORRIGÉ

La représentation graphique ci-dessous décrit-elle une proportionnalité entre les grandeurs ?

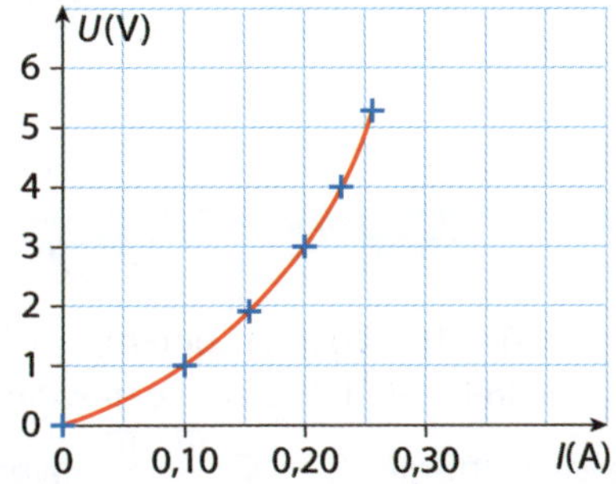

Cocher la réponse correcte.

- ☐ Oui
- ☐ Non

7 Justifier une non-proportionnalité

La représentation graphique ci-dessous correspond au tracé de la caractéristique *U-I* d'un dipôle. Il s'agit d'une situation de non-proportionnalité entre les grandeurs.

Cocher la (ou les) justification(s) à cette affirmation.

- ☐ Les points ne sont pas alignés.
- ☐ La courbe est croissante.
- ☐ La droite ne passe pas par zéro.

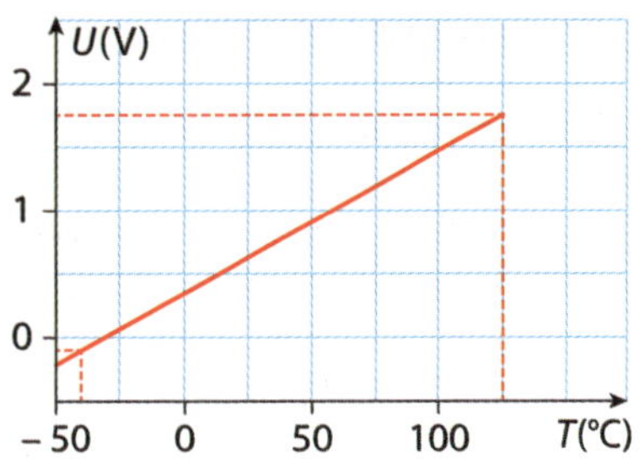

8 Trouver la relation de proportionnalité

L'absorbance d'une solution de diiode a été représentée ci-contre en fonction de sa concentration molaire.

Cocher les réponses correctes.

a. Sur quel intervalle de concentration, *A* et *c* sont-elles des grandeurs proportionnelles ?

- ☐ 0-4
- ☐ 0-3
- ☐ 3-4

b. Déterminer la relation traduisant cette proportionnalité entre *A* et *c* sur l'intervalle précédent.

- ☐ $A = k \cdot c$
- ☐ $A = \frac{k}{c}$
- ☐ $A = \frac{k}{A}$

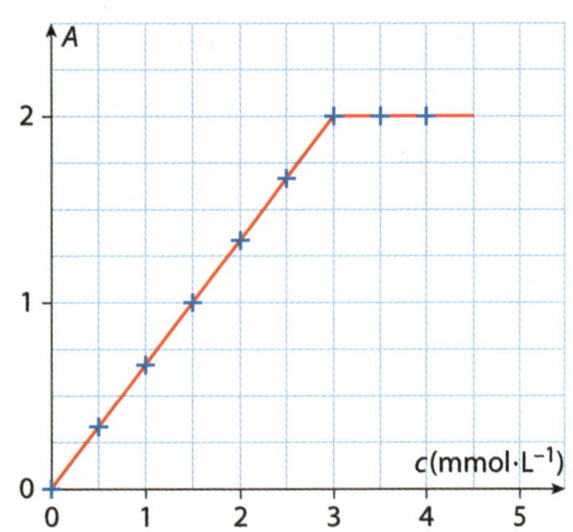

4 Manipuler les puissances de 10 et écrire un résultat en notation scientifique

Je révise

Situation

La Terre a pour masse $m_T = 6{,}0 \times 10^{24}$ kg et la Lune $m_L = 7{,}3 \times 10^{22}$ kg. Ces deux astres sont séparés par la distance $d_{T\text{-}L} = 384 \times 10^3$ km. La force gravitationnelle s'exerçant entre la Terre et la Lune a pour expression littérale $F_G = G \cdot \frac{m_T \cdot m_L}{d_{T\text{-}L}^2}$ avec G la constante de gravitation universelle, de valeur $6{,}67 \times 10^{-11}$ USI.
Toutes ces valeurs utilisent des nombres ainsi que des puissances de 10.

? Comment manipuler les puissances de 10 afin de déterminer la valeur de la force F_G et l'exprimer en notation scientifique ?

Méthode générale

La méthode consiste à utiliser les propriétés mathématiques des puissances de 10.

1 Les règles mathématiques à suivre

- $10^0 = 1$
- Dans le cas d'une multiplication : $10^n \times 10^p = 10^{n+p}$ → $10^3 \times 10^2 = 10^{3+2} = 10^5$
- Si la puissance de 10 est négative : $10^{-n} = \frac{1}{10^n}$ → $10^{-7} = \frac{1}{10^7}$
- Dans le cas d'une division : $\frac{10^n}{10^p} = 10^{n-p}$ → $\frac{10^{-2}}{10^{-3}} = 10^{-2-(-3)} = 10^1$
- Si la puissance de 10 est élevée à une puissance différente : $(10^n)^p = 10^{n \times p}$ → $(10^{-3})^2 = 10^{-3 \times 2} = 10^{-6}$

Exemples

$10^3 = 10 \times 10 \times 10 = 1\,000$
3 facteurs 3 zéros

- Tle Pour déterminer la valeur de n dans l'expression $p = 10^{-n}$, il est nécessaire d'utiliser le logarithme décimal : $n = -\log p$.

- **Tableau des préfixes à connaître :**

Préfixe	téra	giga	méga	kilo	hecto	déca		déci	centi	milli	micro	nano
Symbole	T	G	M	k	h	da	unité	d	c	m	µ	n
Puissance	10^{12}	10^9	10^6	10^3	10^2	10^1		10^{-1}	10^{-2}	10^{-3}	10^{-6}	10^{-9}

2 La notation scientifique

Utiliser la notation scientifique d'un nombre pour donner le résultat. Il a pour expression $a \times 10^n$, a étant compris entre 1 et 10, le résultat respectant les chiffres significatifs.

Conclusion

La force de gravitation F_G entre ces deux astres a pour valeur $F_G = 2{,}0 \times 10^{20}$ N.

Exemples corrigés

Je comprends

1 Convertir le volume en litre

➤ Un liquide possède un volume de 4×10^4 mL, soit **4×10^1 L**.

Explication

Ce résultat est obtenu en remplaçant m de milli par 10^{-3} et en multipliant 4×10^4 par 10^{-3}.

2 Calculer une longueur

➤ Un atome d'hydrogène possède un rayon de 53 pm. En mettant côte à côte un milliard d'atomes, la longueur totale de l'ensemble des atomes est de **5,3 cm**.

Explication

53 pm = 53×10^{-12} m et un milliard est égal à $1,0 \times 10^9$.
La longueur est un milliard de fois le diamètre d'un atome :
$1,0 \times 10^9 \times 53 \times 2 \times 10^{-12} = 106 \times 10^{-3}$ m $= 10,6 \times 10^{-2}$ m = 10,6 cm.

3 Calculer une concentration ou un pH Tle

Le pH d'une solution acide est relié à la concentration en ions oxonium par la relation :
$[H_3O^+] = c° \cdot 10^{-pH}$ avec $c° = 1$ mol·L^{-1}.

a. Une solution dont le pH vaut 2,30 a une concentration en ion oxonium égale à :
$[H_3O^+] = 5,01 \times 10^{-3}$ mol·L^{-1}.

b. Une solution dont la concentration en ions oxonium vaut $1,6 \times 10^{-10}$ mol·L^{-1} a un **pH égal à 9,8**.

Explication

a. $[H_3O^+] = 1 \times 10^{-2,30} = 5,01 \times 10^{-3}$ mol·L^{-1} avec 3 chiffres significatifs, comme la donnée.

b. On calcule :

$$pH = -\log\left(\frac{[H_3O^+]}{c°}\right) = -\log(1,6 \times 10^{-10}) = 9,8$$

avec 2 chiffres significatifs, comme la donnée.

Exercices

Je me teste

1 Écrire le résultat du calcul en notation scientifique

Écrire pour chaque calcul le résultat correspondant.

Relation	Opération	Résultat
$U = R \cdot I$	$220 \times 30 \times 10^{-3}$	V
$d = v \cdot \Delta t$	$d = 25 \times 60$	.....................m
$F = \dfrac{V_{fille}}{V_{mère}}$	$F = \dfrac{1 \times 10^3}{20 \times 10^{-3}}$	....

Exercices

2 Convertir des multiples et sous-multiples

CORRIGÉ

Compléter le résultat de la conversion.

Épaisseur de la surface d'un cristal	$2{,}0 \times 10^2$ µm	.... m
Rayon de la Terre	6 400 km	.... m
Volume d'une goutte d'eau	0,050 cm^3	.... dm^3

3 Calculer l'ordre de grandeur d'une force gravitationnelle

CORRIGÉ

La force gravitationnelle s'exerçant entre deux corps A et B de masses respectives m_A et m_B a pour expression : $F_G = G \cdot \dfrac{m_A \cdot m_B}{d^2}$.

G est la constante gravitationnelle et d la distance séparant les corps.

Les particules étant un électron et un proton, G est de l'ordre de 10^{-10} USI, d de l'ordre de 10^{-11} m, m_A de l'ordre de 10^{-30} kg et m_B de l'ordre de 10^{-27} kg.

Cocher l'ordre de grandeur de F_G avec $F_G = 10^{-10} \times \dfrac{10^{-30} \times 10^{-27}}{(10^{-11})^2}$.

☐ 10^{-45} N ☐ 10^{45} N

4 Déterminer une quantité de matière

Un échantillon de dioxyde de carbone contient $3{,}01 \times 10^{26}$ molécules.

Cocher l'opération à réaliser pour trouver la valeur de la quantité de matière en dioxyde de carbone.

Donnée : Le nombre d'Avogadro a pour valeur $N_A = 6{,}02 \times 10^{23}$ mol^{-1}.

☐ $\dfrac{6{,}02}{3{,}01} \times 10^{23-26}$ ☐ $\dfrac{3{,}01}{6{,}02} \times 10^{26-23}$ ☐ $\dfrac{3{,}01}{6{,}02} \times 10^{\frac{26}{23}}$

5 Comparer des ordres de grandeur

Les ordres de grandeurs des masses du proton et de l'électron sont respectivement 10^{-27} kg et 10^{-30} kg.

Compléter la phrase suivante.

La masse du proton est donc .... fois plus grande que celle de l'électron.

6 Traduire par des puissances de 10

La célérité c de la lumière vaut trois cent mille kilomètres par seconde.

Écrire cette valeur en puissance de 10 et en mètre par seconde en arrondissant l'écriture scientifique au dixième.

c = ...

c = ... $m \cdot s^{-1}$.

7 Trouver la puissance de 10 correcte

Le rayon du noyau r_{noyau} d'un atome est environ cent mille fois plus petit que le rayon de l'atome r_{atome}.

Cocher la relation correcte.

☐ $r_{atome} = 10^{-5}\, r_{noyau}$ ☐ $\frac{r_{noyau}}{r_{atome}} = 10^{-5}$ ☐ $\frac{r_{noyau}}{r_{atome}} = 10^{5}$

8 Comparer des forces Tle

Calculons la valeur du rapport $\frac{F_e}{F_G}$ entre la force électrostatique entre un proton et un électron $F_e = 9{,}0 \times 10^9 \times \frac{1{,}6 \times 10^{-19} \times |-1{,}6 \times 10^{-19}|}{(5{,}3 \times 10^{-11})^2}$ et la force gravitationnelle entre ces deux particules $F_G = 6{,}67 \times 10^{-11} \times \frac{1{,}67 \times 10^{-27} \times |9{,}11 \times 10^{-31}|}{(5{,}3 \times 10^{-11})^2}$.

Ce quotient vaut $2{,}3 \times 10^{39}$.

Cocher la réponse correcte.

☐ Vrai ☐ Faux

9 Calculer une concentration Tle

Le pH d'une solution est relié à la concentration en ions oxonium par la relation $[H_3O^+] = c° \cdot 10^{-pH}$ avec $c° = 1$ mol·L⁻¹. Le pH d'une solution aqueuse d'acide éthanoïque a pour valeur 2,4.

Cocher la réponse correspondant à la valeur de la concentration en ions oxonium $[H_3O^+]$ de la solution.

☐ $2{,}4 \times 10^{-3}$ ☐ 2,4 ☐ $4{,}0 \times 10^{-3}$

10 Calculer une valeur de pH Tle

CORRIGÉ

Le pH d'une solution est relié à la concentration en ions oxonium par la relation $pH = -\log\left(\frac{[H_3O^+]}{c°}\right)$. Une solution aqueuse d'acide chlorhydrique possède une concentration en ions oxonium de $[H_3O^+] = 2{,}5 \times 10^{-2}$ mol·L⁻¹.

Cocher la réponse correspondant à la valeur du pH de la solution.

☐ 1,6 ☐ 2,5 ☐ 0,94

11 Calculer une constante d'acidité Tle

La constante d'acidité du couple acide éthanoïque AH / ion éthanoate A^- est déterminée par la relation entre les concentrations à l'état d'équilibre : $K_A = \frac{[A^-]_f \cdot [H_3O^+]_f}{[AH]_f \cdot c°}$.

Exprimer la valeur de la constante d'acidité de ce couple en notation scientifique.

Données : $[H_3O^+]_f = 4{,}0 \times 10^{-4}$ mol·L⁻¹ ; $[AH]_f = 1{,}0 \times 10^{-2}$ mol·L⁻¹ et $[A^-]_f = 4{,}0 \times 10^{-4}$ mol·L⁻¹.

$K_A =$ ....

$K_A =$ ....

5 Convertir les unités de temps

Je révise

Situation

Par différents calculs, un élève a déterminé que 2 551 442 secondes s'écoulent entre deux Nouvelles Lunes. Sur internet, il trouve que le mois lunaire dure environ 29 jours.

Comment vérifier la cohérence de son résultat ?

Méthode générale

Elle consiste à exprimer le temps en ses différentes unités possibles.

Correspondances entre les différentes unités	
• 1 min = 60 s • 1 h = 60 min = 60 × 60 s = **3 600 s** • 1 j = 24 h = 24 × 60 min = **1 440 min** = 1 440 × 60 s = **86 400 s**	• $1\text{ min} = \frac{1}{60}\text{ h} = \frac{1}{1\,440}\text{ j}$ • $1\text{ s} = \frac{1}{60}\text{ min} = \frac{1}{3\,600}\text{ h} = \frac{1}{86\,400}\text{ j}$

1 Conversion en unités inférieures

- Effectuer la multiplication correspondant au changement d'unité voulu.
- Écrire le résultat final avec une seule unité.

Exemple

30 j = 720 h = 43 200 min = 2 592 000 s

× 24 (h) × 60 (min) × 60 (s)

2 Conversion en unités supérieures

Pour convertir des secondes en heures, diviser par 3 600. Garder la partie entière du nombre décimal obtenu : elle constitue le nombre d'heures ⓐ. Puis multiplier la partie décimale par 3 600 pour la reconvertir en seconde ⓑ.

Exemple

Convertir 11 520 secondes en h-min :

ⓐ 11 520 s : 3 600 = 3,2 h
0,2 × 3 600 = 720 s

ⓑ 720 s : 60 = 12 min

D'où 11 520 s = 3 h 12 min

3 Conversion en heure décimale

Effectuer les divisions en utilisant les correspondances entre les différentes unités et garder le nombre décimal obtenu.

Exemple

Convertir 8 h 45 en heure décimale : on convertit les 45 minutes en heures :

$8\text{ h} + 45\text{ min} \times \frac{1}{60} = 12{,}75\text{ h}$

Conclusion

2 551 442 s = 29 j 12 h 44 min 2 s.

La réponse obtenue est cohérente avec le texte de la situation.

Exemples corrigés

Je comprends

1 Conversion en unité supérieure

La période de rotation de la planète Mercure est d'environ 5 068 224 s.

Exprimer cette valeur en j-h-min-s.

➤ Résultat : **5 067 360 s = 58 j 15 h 50 min 24 s.**

Explication

- Conversion en jour : $5\,068\,224 = \frac{5\,068\,224}{86\,400} = 58{,}66$ j.

On « garde » 58 et on reconvertit 0,66 j : $0{,}66 \times 86\,400 = 57\,024$ s.

- Conversion en heure : $57\,024 = \frac{57\,024}{3\,600} = 15{,}84$ h.

On « garde » 15 et on convertit 0,84 h : $0{,}84 \times 3\,600 = 3\,024$ s.

- Conversion en minute : $3\,024 = \frac{3\,024}{60} = 50{,}4$ min.

On « garde » 50 et on reconvertit 0,4 min : $0{,}4 \times 60 = 24$ s.

2 Conversion composée

Aux températures habituelles et dans l'air, la vitesse du son vaut environ $330\ \text{m} \cdot \text{s}^{-1}$.

Exprimer cette vitesse en $\text{km} \cdot \text{h}^{-1}$.

➤ Résultat : $v = 1\,188\ \text{km} \cdot \text{h}^{-1}$.

Explication

Expression de cette vitesse et calcul sur les unités séparément :

$$\frac{330\ \text{m}}{1\ \text{s}} = \frac{0{,}330\ \text{km}}{\frac{1}{3\,600}\ \text{h}} = 0{,}330 \times 3\,600 = 1\,190\ \text{km} \cdot \text{h}^{-1}.$$

Exercices

Je me teste

1 Rédiger une méthode

Finir de rédiger la méthode de conversion d'unité de temps en trouvant les mots et verbes exacts.

Pour convertir une durée exprimée en minutes en heure décimale, on doit .... par .... Pour convertir un nombre décimal d'heures en minutes, on doit .... par .... Ces règles s'appliquent aussi pour convertir une durée exprimée en secondes en un nombre décimal de .... et inversement.

2 Utiliser une durée

CORRIGÉ

Alfred a la permission de regarder la télévision deux heures le samedi. Un épisode de sa série préférée dure trente minutes.

Calculer le nombre d'épisodes correspondant à sa durée de télévision autorisée.

....

3 Changer de type d'écriture des unités

Écrire les nombres manquants pour que les conversions soient correctes.

Temps à convertir	Temps (en min)	Temps (en h-min-s)	Temps (en h)
t_1	345	......................s	....
t_2	....	4 h 14 min 24 s	....
t_3	....	......................s	....

4 Relier les durées identiques

CORRIGÉ

Les valeurs du tableau sont mélangées.

Relier les durées égales de façon à reconstituer chaque ligne du tableau.

Temps (en h)	Temps (en min)	Temps (en h-min-s)	Temps (en s)
2,3525 h ●	● 159,3 min ●	● 6 h 27 min 18 s ●	● 8 469 s
4,455 h ●	● 267,3 min ●	● 2 h 21 min 09 s ●	● 9 558 s
2,655 h ●	● 141,15 min ●	● 2 h 39 min 18 s ●	● 16 038 s

5 Appliquer la méthode

CORRIGÉ

Le Kenyan Emmanuel Oliaulo, vainqueur en 2016 du marathon de la Rochelle avec un temps de 7 846 s, a réalisé un doublé en remportant l'édition 2019. Il a couru les 42,195 km en améliorant son temps de 2 min 24 s.

Calculer en h-min-s la durée de sa course en 2019.

Durée de sa course :

....

....

6 Trouver la durée correcte

Cocher les réponses correctes.

Tristan a joué sur sa console de jeu de 19 h 38 min à 21 h 23 min. Son jeu a duré :

☐ 1,75 h ☐ 2,75 h ☐ 1 h 45 min

☐ 115 min ☐ 1 h 15 min ☐ 6 300 s

7 Déterminer si la vitesse est correcte

Cocher la réponse correcte.

Extrait d'un article de journal : « L'actuel détenteur du record absolu de vitesse terrestre est *ThrustSCC*, une voiture à biturboréacteur ayant atteint une vitesse de 1 227,985 km·h^{-1}. Cette voiture parcourt environ 271 mètres chaque seconde. »

L'affirmation de ce journal est correcte : vrai ou faux ?

☐ Vrai ☐ Faux

8 Déterminer une durée

CORRIGÉ

Cocher les réponses correctes.

Une sonde spatiale se trouvant à une distance de 36 km d'une comète atterrit avec une vitesse de 0,50 $m \cdot s^{-1}$ par rapport à elle. Afin de déterminer la durée d'atterrissage Δt en h nécessaire pour se poser sur la comète, il faut :

- ☐ convertir la distance en m pour obtenir Δt en s, puis diviser par 3 600 pour obtenir Δt en h.
- ☐ utiliser la formule $\Delta t = \frac{v}{d}$.
- ☐ convertir la vitesse en $km \cdot h^{-1}$ pour obtenir directement Δt en h.
- ☐ utiliser la formule $\Delta t = \frac{d}{v}$.

9 Changer l'unité d'une énergie

Le Joule J est l'unité d'énergie E reconnue dans le système international et définie à partir de la relation $\Delta E = \mathcal{P} \cdot \Delta t$ avec $\mathcal{P}$ la puissance exprimée en W et Δt la durée exprimée en s. Pour des raisons pratiques de facturation, EDF utilise le kWh et facture 0,151 €/kWh TTC.

Quel est le prix TTC d'un repassage ayant consommé 23 760 000 J ?

....

10 Déterminer une durée de remplissage Tle

Une cuve de capacité V = 124 L se remplit d'un liquide incompressible et de viscosité négligeable. Le débit volumique D_V a pour valeur $5{,}2 \times 10^{-4}\ m^3 \cdot s^{-1}$.

Déterminer la durée de remplissage Δt en minutes.

Le débit volumique est défini par la relation $D_V = \frac{\Delta V}{\Delta t}$.

....

....

11 Utiliser le degré-minute-seconde (DMS)

CORRIGÉ

L'inclinaison de l'axe terrestre au 1er juillet 2018 était de 23,431 46°.

Exprimer cette inclinaison au format DMS.

....

....

....

Le format pour les angles est le même que celui utilisé pour les heures-minutes-secondes :

$3\,600'' = 60' = 1°\ ;\ 1' = \frac{1°}{60}\ ;$

$1'' = \frac{1'}{60} = \frac{1°}{3\,600}.$

12 Convertir en degré décimal (DD)

Convertir cet angle exprimé en notation angulaire (DMS) en notation décimale (DD).

43° 15′ 18″ = ...

6 Manipuler les unités de volume et de capacité

Je révise

Situation

Une agricultrice verse 450 cm³ de lait dans un récipient sur lequel est indiqué la valeur 0,50 L. Elle se demande quelle quantité de lait elle doit ajouter dans ce récipient pour le remplir, car deux unités différentes sont utilisées.

? Comment différencier les unités de volume ou de capacités et comment les manipuler ?

Méthode générale

Elle consiste à différencier l'espace occupé par le contenu de l'espace disponible dans le contenant. Il est également souvent nécessaire de convertir les unités dans les calculs.

1 Repérer les unités des grandeurs volume ou capacité

- Un volume s'exprime légalement en **mètre cube** décliné en ses sous-multiples que sont les dm³, les cm³…
Conversions dans l'unité de volume :
$1\ m^3 = 1 \times 10^3\ dm^3 = 1 \times 10^6\ cm^3$

- La capacité d'un récipient est exprimée dans une unité liée au **litre** : L, hL, dL, cL, mL…
Conversions dans l'unité de volume :
$1\ L = 1 \times 10^{-2}\ hL = 1 \times 10^2\ cL = 1 \times 10^3\ mL$.

Exemples

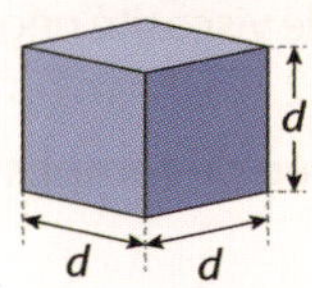

Volume du cube : espace occupé par le cube.
1 dm × 1 dm × 1 dm = 1 dm³.
C'est le contenant.

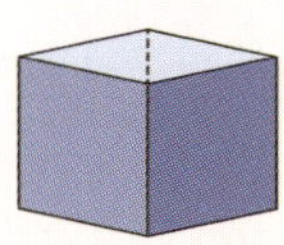

Capacité du cube : volume du liquide qu'il peut contenir.
1 dm³ = 1 L.
C'est le contenu.

2 Convertir les unités de volume en unités de capacité, et réciproquement

- Les calculs s'effectuent toujours dans les unités du Système International.

dm³			cm³		
hL	daL	L	dL	cL	mL
		1			
					1

Les volumes sont souvent exprimés en L, ce qui est un **abus de langage**.

- Conversions les plus utiles, en particulier en chimie :
1,0 L = 1,0 dm³ ; 1,0 mL = 1,0 cm³.

Conclusion

Le lait possède un volume de 450 cm³ et le récipient possède une capacité de 0,50 L. En versant le lait dans le récipient, la capacité restante est de 0,05 L.

Exemples corrigés

Je comprends

1 Volume ou capacité

Pour chaque exemple, écrire s'il s'agit d'une mesure de volume ou de capacité.

Exemple	Volume ou capacité
30 dm^3 d'eau	**Volume**
Bécher de 250 mL	**Capacité**
Éprouvette graduée de 100 cL	**Capacité**
5 cm^3 de solution	**Volume**

Explication

- 30 dm^3 représente le volume occupé par l'eau.
- Bécher de 250 mL : c'est la capacité du récipient à contenir un liquide.
- Éprouvette graduée de 100 cL : c'est la capacité du récipient à contenir un liquide.
- 5 cm^3 représente le volume de la solution.

2 Conversions de volumes et de capacités

Compléter les conversions de volumes et de capacités.

Explication

- 2,4 cL = **24** mL → 1,0 cL = 10 mL.
- 1,81 dm^3 = **1,81** L → 1 dm^3 = 1 L.
- 75 mm^3 = **$7{,}5 \times 10^{-2}$** cm^3 → 1 mm^3 = 1×10^{-3} cm^3. On a donc 75 × 10^{-3} cm^3 = $7{,}5 \times 10^{-2}$ cm^3.
- 125 mL = **$1{,}25 \times 10^{-1}$** L → 1 mL = 1×10^{-3} L. On a donc 125 × 10^{-3} L = $1{,}25 \times 10^{-1}$ L.

Exercices

Je me teste

1 Convertir

CORRIGÉ

Compléter le résultat de chaque conversion de volume ou de capacité.

- 0,7 m^3 = ... cm^3
- 50 mL = ... L
- 352 cm^3 = ... dm^3
- 2,5 L = ... dm^3
- 20 cL = ... L
- 12,5 mL = ... cm^3

2 Déterminer une capacité

Un bécher de 50,0 cL contient 30,0 cm^3 de liquide. La capacité du liquide est donc de 30,0 cm^3.

Cocher la réponse correcte.

☐ Vrai ☐ Faux

Exercices

3 Distinguer volume et capacité

CORRIGÉ

Pour chaque exemple, écrire s'il s'agit d'une mesure de volume ou de capacité.

Exemple	Volume ou capacité
25 cm^3 de glucose	....
Fiole jaugée de 125 mL	....
Ballon à fond plat de 500 mL	....
Pipette jaugée de 5,0 mL	....

4 Trouver un volume

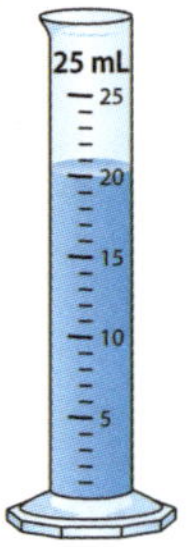

La graduation située en face du ménisque est 20. Le volume de liquide est donc de 20 cm^3.

Cocher la réponse correcte.

☐ Vrai ☐ Faux

5 Différencier capacité et volume

Compléter le texte en utilisant les valeurs suivantes : 25 mL, 5,0 L et 125 cm^3.

Au laboratoire de chimie, après une séance de travaux pratiques, différents liquides sont recueillis dans un récipient de grande capacité, soit .... Chaque groupe verse dans ce récipient .... de solution de glucose ainsi que de l'eau distillée présente dans une burette de ....

6 Calculer un volume

CORRIGÉ

Lors de la fonte d'un glacier des Pyrénées, sa superficie est passée de 90 à 40 ha et son épaisseur de 75 à 50 m.

Calculer le volume de glace fondue.

V = ... (formule littérale)

V = ... (opération)

V = ... (résultat)

7 Choisir le vocabulaire adapté

Au cours d'une expérience, un élève demande à disposer de 1,5 L d'eau gazeuse. Son professeur lui indique qu'il commet une erreur de vocabulaire. Pour être correct, il devrait lui demander d'apporter soit 1,5 dm^3 d'eau gazeuse, soit une bouteille pleine de 1,5 L d'eau gazeuse.

Cocher la réponse correcte.

☐ Vrai ☐ Faux

8 Déterminer un volume

CORRIGÉ

Pour déterminer le volume d'un solide, on l'immerge dans une éprouvette graduée dont les indications donnent $V_{avant} = 75$ mL avant l'immersion et $V_{après} = 83$ mL après l'immersion.

Cocher le résultat correct du calcul du volume du solide.

☐ 75 mL ☐ 8 mL ☐ 8 cm³

9 Vérifier la phrase

CORRIGÉ

La phrase suivante est exacte : « Un bécher de 50 cL contient 30 cL de liquide. Le volume restant dans le récipient est 20 cL. »

Cocher la réponse correcte.

☐ Vrai ☐ Faux

10 Calculer le volume d'un atome

Un atome d'hydrogène est assimilable à une sphère de rayon R. Son volume est donc $V = \frac{4}{3}\pi \cdot R^3$.

On calcule le volume, en mètre cube, d'un atome d'hydrogène de rayon $R = 53$ pm.

Cocher la réponse correspondant au volume de l'atome.

☐ $6{,}2 \times 10^{-31}$ m³ ☐ $6{,}2 \times 10^{5}$ m³ ☐ $1{,}2 \times 10^{-20}$ m³

11 Relier la capacité et son volume

Relier par un trait le contenant le plus adapté avec le volume de solution à contenir.

Récipient	Volume de solution
Éprouvette graduée de 150 mL ●	● 25×10^{-3} dm³
Bécher de 200 mL ●	● 125 cm³
Burette graduée de 25 mL ●	● $1{,}8 \times 10^{2}$ cm³

12 Calculer une quantité de matière Tle

Lors d'une expérience de chimie, un élève recueille un gaz. Ce gaz est considéré comme parfait et il occupe un volume de 0,31 dm³ à la température de 295 K. La pression exercée par le gaz sur la paroi du récipient est de $1{,}20 \times 10^5$ Pa.

En appliquant la loi des gaz parfaits, calculer la quantité de matière du gaz recueilli.

Donnée : la constante des gaz parfaits a pour valeur $8{,}314$ Pa · m³ · mol⁻¹ · K⁻¹.

n = ... (expression littérale)

n = ... (opération)

n = ... (résultat)

7 Convertir des unités simples et des unités composées

Je révise

Situation

Le guépard court à 93,6 km·h^{-1} et la gazelle à 27,0 m·s^{-1}. La gazelle échappe-t-elle au guépard ?

Comment convertir ces vitesses dans la même unité pour pouvoir les comparer ?

Méthode générale

Elle consiste à exprimer les grandeurs comparées dans la même unité.

1 Conversion d'unités simples

- Écrire la partie du tableau de conversion concernée par la grandeur.

Préfixe	giga	méga	kilo	hecto	déca	unité	déci	centi	milli	micro	nano
Symbole	G	M	k	h	da		d	c	m		n
Exemples					1	5					
			0,	0	1	5					
					1	5	0	0	0		

- Repérer le chiffre des unités de la grandeur donnée, et le placer dans la colonne du tableau correspondante.
- Placer ou **déplacer la virgule dans la colonne de l'unité finale** demandée en complétant au besoin les colonnes vides par des zéros.

Exemple

Pour la grandeur masse dont l'unité est le gramme (g) :

15 g = **0,015** kg

15 g = 15 × 10^3 mg.

2 Conversion d'unités composées

Une unité composée est le résultat d'un produit ou d'un quotient d'unités simples.

- Convertir séparément les différentes unités simples constituant l'unité composée de la grandeur étudiée.
- Ne jamais convertir plusieurs unités en même temps.
- Effectuer le produit ou le quotient des unités simples.

Exemple

Convertir 30 km·h^{-1} en m·s^{-1} : $30\ \text{km}\cdot\text{h}^{-1} = \dfrac{30\ \text{km}}{1\ \text{h}}$

- **Convertir les km en m** : $30\ \text{km}\cdot\text{h}^{-1} = \dfrac{30 \times 10^3\ \text{m}}{1\ \text{h}}$
- **Convertir les h en s** : $30\ \text{km}\cdot\text{h}^{-1} = \dfrac{30 \times 10^3\ \text{m}}{3\,600\ \text{s}}$
- Résultat final : 30 km·h^{-1} = 8,3 m·s^{-1}.

Conclusion

$v_{\text{guépard}}$ = 26,0 m·s^{-1} = 93,6 km·h^{-1} ; v_{gazelle} = 27,0 m·s^{-1} = 97,2 km·h^{-1}.
On trouve $v_{\text{gazelle}} > v_{\text{guépard}}$, donc la gazelle échappe au guépard.

Exemples corrigés

Je comprends

1 Conversions simples

Un panneau photovoltaïque a pour aire 2,3 dm^2.

Exprimer cette aire en m^2.

➤ Résultat : 2,3 dm^2 = **0,023 m^2**.

Explication

- On écrit le tableau de conversion.
- On place le chiffre des unités (2) dans la colonne des dm^2.
- On déplace la virgule dans la colonne des m^2.
- On complète le tableau avec les 0.

m^2		dm^2		cm^2	
			2,	3	
	,		2	3	
	0,	0	2	3	

2 Conversions composées

a. L'énergie électrique consommée par un réfrigérateur est de 250 W · h.

Exprimer cette énergie en J.

➤ 250 W · h = 250 W × 1 h = 250 W × 3 600 s = **900 × 10^3 J**.

Rappel
1 J = 1 W · s

b. La pluviométrie annuelle de Paris est 637 L · m^{-2} · an^{-1}.

Exprimer la pluviométrie de cette ville en mm par jour.

➤ 637 L · m^{-2} · an^{-1} = 0,637 m^3 · m^{-2} · an^{-1}
= 0,637 m · an^{-1}
= 1,75 × 10^{-3} m · jour^{-1}
= 1,75 mm · jour^{-1}.

soit 637 L · m^{-2} · an^{-1} = **1,75 mm · jour^{-1}**.

Explication

b. • On convertit les L en m^3.
• On convertit un an en jours :
1 an = 365 j soit 1 j = $\frac{1}{365}$ an.
• On convertit les m en mm : associer 10^{-3} au préfixe milli.

Exercices

Je me teste

1 Trouver une capacité

Exprimer la capacité de l'ampoule en L.

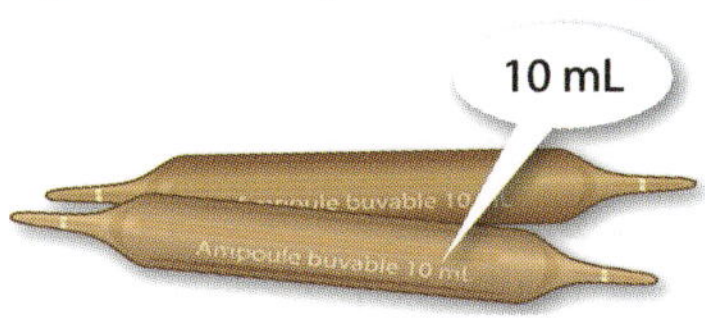

V_{lu} = ...

2 Trouver un nombre

CORRIGÉ

Écrire le nombre manquant pour que l'égalité soit juste.

- 321 g = ... kg
- 62 hm = ... dm
- 213 m^2 = ... dam^2
- 2 050 L = ... hL

Exercices

3 Déterminer une unité

Écrire l'unité manquante pour que l'égalité soit correcte.

- 33,0 cL = 330 ....
- 7,891 km = 789,1 ....
- 25 dm^3 = 0,025 ....
- 28 346 cm^2 = 0,028 346 ....

4 Changer d'unité

Un objet en métal a un volume de 27 cm^3.

Exprimer ce volume *V* en m^3.

V = ... m^3.

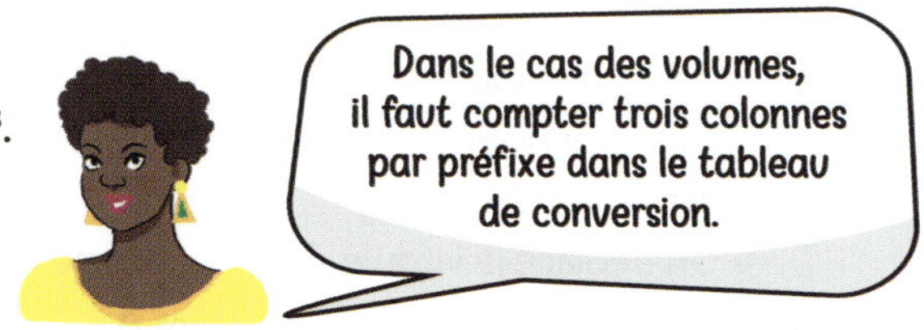

5 Cocher des cas impossibles

Cocher les conversions impossibles à réaliser.

Masse surfacique en $g \cdot m^{-2}$: ☐ en $kg \cdot cm^{-1}$

Concentration en masse en $g \cdot L^{-1}$: ☐ en $mL \cdot kg^{-1}$

Volume en m^3 : ☐ en L

Énergie électrique en J : ☐ en Wh

6 Trouver des équivalents

Convertir en utilisant si besoin une puissance de 10.

- Une longueur d'onde :
  $\lambda = 633 \times 10^{-9}$ = ... nm
- La puissance d'un panneau solaire :
  $\mathcal{P}_{\text{panneau solaire}}$ = 153 mW = ... W.
- La fréquence maximale audible par l'Homme :
  $f_{\text{max audible par l'Homme}} = 20 \times 10^3$ Hz = ... kHz.
- Le fichier mp3 d'un titre musical a une taille de 3,36 Mbit. Calculer le nombre de titres de la même taille stockables sur une carte SD de 8 Go.

Donnée : 1 octet = 8 bits

....

7 Convertir des unités composées

Cocher les conversions correctes.

☐ 5 600 $W \cdot h$ = 56,00 $kW \cdot h$

☐ 4,2 $L \cdot min^{-1}$ = 7,0 $cL \cdot s^{-1}$

☐ 408 $cm \cdot min^{-1}$ = 68,0 $m \cdot s^{-1}$

☐ 35 $kg \cdot m^{-3}$ = 35 $g \cdot L^{-1}$

8 Vérifier l'opération d'une conversion

Associer chaque opération à la conversion attendue.

$324 \times \frac{10\,000\,000}{3\,600}\ m^3 \cdot s^{-1}$ •	• 324 $km \cdot h^{-1}$
$324 \times \frac{0{,}01}{0{,}000\,1}\ g \cdot m^{-2}$ •	• 324 $mW \cdot min$
$324 \times \frac{1\,000}{60}\ m \cdot min^{-1}$ •	• 324 $hm^3 \cdot h^{-1}$
$324 \times \frac{0{,}000\,001}{60}\ kW \cdot h$ •	• 324 $cg \cdot cm^{-2}$

9 Extraire une information

Une charge électrique *Q* s'exprime en Coulomb de symbole C. Or, sur les batteries, elle est exprimée en ampère-heure, de symbole A • h.

Exprimer la charge électrique *Q* du chargeur en C.

Donnée : 1 A • h = 3 600 C.

Q = ...

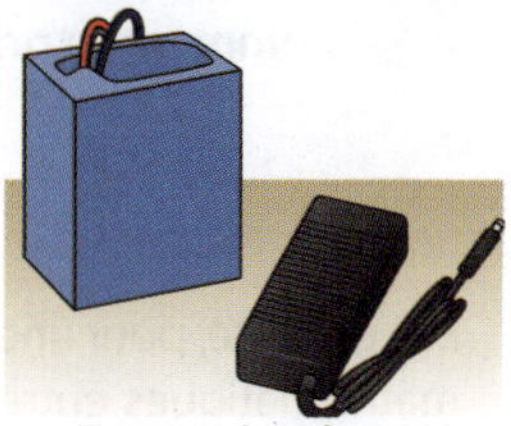

Tension à vide 12 V
Capacité 20 A • h

10 Connaître une unité de navigation

Un petit bateau se déplace à la vitesse de 1,7 $m \cdot s^{-1}$. En navigation maritime, l'unité courante de vitesse est le nœud, de symbole kt. Un nœud est égal à un mille marin parcouru en une heure. Un mille marin vaut 1,852 km.

Exprimer la vitesse du bateau en nœud.

1,7 $m \cdot s^{-1}$ = ...

....

11 Réaliser la bonne opération

Une voiture de masse 1,523 t roule à 50 $km \cdot h^{-1}$.

Quelle opération doit être réalisée pour obtenir son énergie cinétique en J ?

☐ $0{,}5 \times 1{,}523 \times \frac{50}{3{,}6}$ ☐ $0{,}5 \times 1523 \times \left(\frac{50}{3{,}6}\right)^2$ ☐ $0{,}5 \times 1{,}523 \times 50^2$

12 Changer l'unité d'une énergie Tle

L'énergie d'un photon de fréquence $6{,}00 \times 10^{14}$ Hz vaut 2,49 eV. La valeur de la charge électrique élémentaire « e » est $1{,}60 \times 10^{-19}$ C.

Cocher la réponse correcte.

☐ 2,49 eV = $3{,}98 \times 10^{-18}$ J ☐ 2,49 eV = $3{,}98 \times 10^{19}$ J

☐ 2,49 eV = $1{,}56 \times 10^{19}$ J ☐ 2,49 eV = $3{,}98 \times 10^{-19}$ J

8 Déterminer des unités composées à partir des unités SI

Je révise

Situation

Pour une unité appelée « newton », un élève lit sur internet les informations suivantes : « une force de valeur un newton communique à un corps ayant une masse d'un kilogramme une accélération d'un mètre par seconde carrée ».

Comment exprimer le newton en fonction des unités SI ?

Méthode générale

Elle consiste, pour une grandeur quelconque, à trouver son unité en effectuant des opérations mathématiques entre les sept unités de base légales du Système international SI, appelées aussi unités MKSA (pour mètre, kilogramme, seconde et ampère).

Les sept unités de base du Système international

Grandeur	Unité SI
Longueur L	mètre : m
Masse m	kilogramme : kg
Temps t	seconde : s
Intensité électrique I	ampère : A
Intensité lumineuse I_{lum}	candela : cd
Quantité de matière n	mole : mol
Température T	kelvin : K

Chacune de ces unités peut avoir des multiples ou sous-multiples. Fiche 7

- Relever une relation littérale faisant intervenir uniquement des grandeurs utilisant des unités SI et contenant la grandeur étudiée.
- Tourner mathématiquement la relation littérale de façon à **avoir dans le membre de gauche la grandeur étudiée** et dans le membre de droite toutes les autres grandeurs exprimées en unités SI.
- Remplacer chaque lettre symbolisant une grandeur par son unité, puis appliquer les opérations mathématiques à l'expression littérale obtenue.

Exemple

- La distance d parcourue par une voiture se calcule à partir de la relation $d = v \cdot \Delta t$ avec v la vitesse de la voiture et Δt la durée du parcours.
- Pour exprimer la vitesse v, on divise les deux membres de l'égalité par Δt, donc $v = \dfrac{d}{\Delta t}$.
- On remplace les grandeurs Δt et d par leur unité SI. v est ainsi en $\mathbf{m \cdot s^{-1}}$.

Conclusion

L'unité de mesure d'une force F est le newton. Or une force peut s'écrire sous la forme $F = m \cdot a$ comme produit d'une masse par une accélération. Donc $1 \text{ N} = 1 \text{ kg} \cdot \text{m} \cdot \text{s}^{-2}$.

Exemples corrigés

Je comprends

1 Déterminer la combinaison d'unités SI équivalente à une unité

La pression p est une force F exercée sur une unité de surface S.
L'unité de définition de pression est le pascal, noté Pa.

Déterminer l'unité équivalente du Pa en unités SI.

Donnée : $1\ \text{N} = 1\ \text{kg} \cdot \text{m} \cdot \text{s}^{-2}$.

➤ D'après l'énoncé, $p = \dfrac{F}{S}$.

On passe aux unités SI :

$$\text{Pa} = \frac{\text{N}}{\text{m}^2} = \frac{\text{kg} \cdot \text{m} \cdot \text{s}^{-2}}{\text{m}^2}$$

$$\text{Pa} = \text{kg} \cdot \text{m}^{-1} \cdot \text{s}^{-2}$$

Soit **$1\ \text{Pa} = 1\ \text{kg} \cdot \text{m}^{-1} \cdot \text{s}^{-2}$**.

Explication

- À partir de l'énoncé, on détermine la relation définissant la grandeur cherchée. Fiche 2
- On remplace les grandeurs de cette relation par leurs unités SI respectives. Le newton n'étant pas une unité SI, on le remplace par la combinaison des unités SI équivalente de la donnée.

2 Trouver une unité

La force d'attraction gravitationnelle $F_{\text{Terre/Lune}}$ s'exerçant entre la Terre et la Lune, de masses m_T et m_L et séparées d'une distance d, s'écrit $F_{\text{Terre/Lune}} = \dfrac{G \cdot m_{\text{Terre}} \cdot m_{\text{Lune}}}{d^2}$ avec G la constante de gravitation universelle.

Donner la valeur et l'unité de G en unités SI.

Données : $1\ \text{N} = 1\ \text{kg} \cdot \text{m} \cdot \text{s}^{-2}$, $F_{\text{Terre/Lune}} = 1{,}98 \times 10^{20}\ \text{N}$, $m_{\text{Terre}} = 5{,}98 \times 10^{24}\ \text{kg}$, $m_{\text{Lune}} = 7{,}34 \times 10^{22}\ \text{kg}$ et $d = 384\,400\ \text{km}$.

➤ D'après la formule de l'énoncé :

$$G = \frac{F_{\text{Terre/Lune}} \cdot d^2}{m_{\text{Terre}} \cdot m_{\text{Lune}}}$$

On effectue le calcul :

$$G = \frac{1{,}98 \times 10^{20} \times (384\,400 \times 10^3)^2}{5{,}98 \times 10^{24} \times 7{,}34 \times 10^{22}}$$

$$G = 6{,}67 \times 10^{-11}$$

On détermine l'unité :

$$\frac{\text{N} \cdot \text{m}^2}{\text{kg} \cdot \text{kg}} = \frac{\text{kg} \cdot \text{m} \cdot \text{s}^{-2} \cdot \text{m}^2}{\text{kg}^2} = \text{m}^3 \cdot \text{kg}^{-1} \cdot \text{s}^{-2}.$$

Soit **$G = 6{,}67 \times 10^{-11}\ \text{m}^3 \cdot \text{kg}^{-1} \cdot \text{s}^{-2}$**.

Explication

- On tourne mathématiquement la formule de l'énoncé pour exprimer la grandeur cherchée en fonction des autres grandeurs.
- On remplace les grandeurs de cette relation par leurs valeurs numériques exprimées dans les unités SI respectives, puis on effectue le calcul sans oublier l'unité SI.
Le newton n'étant pas une unité SI, on le remplace par la combinaison des unités SI équivalente.

Exercices

Je me teste

1 Connaître des unités du Système international

Relier chaque grandeur à son unité.

Température •	• V
Longueur •	• $\text{kg} \cdot \text{m}^{-3}$
Tension •	• K
Solubilité en masse •	• m

Exercices

2 Interpréter un texte

D'après les définitions données ci-dessous, compléter la relation entre les unités des grandeurs citées.

- La fréquence f exprimée en hertz est l'inverse de la période T exprimée en seconde, donc 1 Hz = 1 ....
- La conductivité électrique σ exprimée en siemens par mètre et de symbole $S \cdot m^{-1}$ est l'inverse de la résistivité ρ exprimée en ohm-mètre de symbole $\Omega \cdot m$, donc :
  $1\ S \cdot m^{-1} = 1$ ....

3 Trouver le lien entre des unités

CORRIGÉ

L'éclairement E d'une surface exprimé en lux, de symbole lx, correspond au flux lumineux ϕ exprimé en lumen, noté lm, par unité de surface S exprimée en m^2.

Cocher les réponses exactes.

☐ $1\ lm = 1\ lx \cdot m^2$ ☐ $1\ lx = 1\ lm \cdot m^{-2}$ ☐ $1\ lx = 1\ lx \cdot m^{-2}$ ☐ $1\ lm = 1\ lx \cdot m^{-2}$

4 Appliquer la méthode

CORRIGÉ

L'énergie mécanique E_m d'un objet en chute libre est la somme de son énergie potentielle de pesanteur E_{pp} et de son énergie cinétique E_c.

Vérifier que les unités SI de l'énergie potentielle de pesanteur et celle de l'énergie cinétique sont identiques, et en déduire les unités SI de l'énergie mécanique.

Données : $E_{pp} = m \cdot g \cdot h$ et $E_c = \frac{1}{2} \cdot m \cdot v^2$ avec m la masse de l'objet en kg, g l'intensité de la pesanteur en $N \cdot kg^{-1}$, h la hauteur de chute en m et v la vitesse de l'objet en $m \cdot s^{-1}$.

- Unité de E_{pp} : ....
- Unité de E_c : ....
- $E_m = E_{pp} + E_c$ donc E_m s'exprime aussi en ....

En terminale, on montre que $1N = 1\ kg \cdot m \cdot s^{-2}$ à l'aide de la 2e loi de Newton.

5 Analyser une expression

Une quantité de matière peut être calculée à l'aide de différentes relations selon l'état physique de la matière étudiée.

Déterminer l'unité manquante en utilisant chacune des relations fournies.

Relations	Unités
$n_{soluté} = c \cdot V_{solution}$	mol = ...$\cdot$L
$n_{gaz} \cdot V_{molaire} = V_{gaz}$	mol$\cdot$.................... = L
$n_{solide} = \frac{m}{M}$	mol = $\frac{g}{..............}$

6 Déterminer une unité

CORRIGÉ

Un corps chaud émet des ondes électromagnétiques de longueur d'onde λ variant selon la température T à laquelle il est chauffé. La loi de Wien relie la longueur d'onde λ_{max} relevée au maximum d'intensité émise, à la température T exprimée en kelvin, à la surface du corps.

Énoncé de la loi de Wien : $\lambda_{max} \cdot T = 2{,}898 \times 10^{-3}$ USI.

Donner l'unité SI de la constante $2{,}898 \times 10^{-3}$.

Unité de la constante : ....

7 S'approprier Tle

La dilatation des océans Δe peut se calculer avec la formule $\Delta e = e_0 \cdot \alpha \cdot \Delta T$ avec e_0 l'épaisseur d'océan réchauffée en m, Δe en m, ΔT la variation de température en K et α le coefficient de dilatation thermique de l'eau. **Quelle est l'unité de α ?**

Réponse : ....

8 Trouver des unités équivalentes Tle

CORRIGÉ

La grandeur résistance R en ohm (Ω) d'un conducteur ohmique intervient dans la définition de différentes grandeurs comme la tension U ou la puissance $\mathcal{P}$.

Pour chacune des relations suivantes, exprimer l'unité ohm en fonction des unités des grandeurs associées à la grandeur résistance.

Données : τ temps caractéristique d'un circuit électrique en seconde s, C capacité en farad F d'un condensateur, L conductance en henry H d'une bobine, U tension en volt V, $\mathcal{P}$ puissance en watt W et I intensité en ampère A.

- $U = R \cdot I$ → 1 Ω = 1 ....
- $\tau = \dfrac{R}{L}$ → 1 Ω = 1 ....
- $\tau = R \cdot C$ → 1 Ω = 1 ....
- $\mathcal{P} = R \cdot I^2$ → 1 Ω = 1 ....

9 Écrire un ohm en unités SI Tle

À partir des relations fournies, établir l'expression littérale de la résistance R en fonction de l'énergie E exprimée en joule, de la durée Δt exprimée en seconde et de l'intensité I exprimée en ampère.

Déterminer la combinaison des unités SI équivalente à l'ohm.

Données : $U = R \cdot I$, $\mathcal{P} = U \cdot I$ et $\Delta E = \mathcal{P} \cdot \Delta t$ avec U la tension en volt et $\mathcal{P}$ la puissance en watt.

- Expression de la résistance : R = ...
- Expression de l'unité : 1 Ω = ...

9 Effectuer une analyse dimensionnelle

Je révise

Situation

Un lycéen vérifie expérimentalement la relation exprimant l'énergie cinétique $E_c = \frac{1}{2} m \cdot v^2$ d'une voiture de masse *m* se déplaçant à la vitesse *v*. Les deux membres de cette équation doivent avoir la même dimension : $M \cdot L^2 \cdot T^{-2}$. Il s'interroge sur le lien entre la formule de l'énergie cinétique qu'il a trouvée et cette dimension.

? Comment une dimension permet-elle de vérifier la cohérence de cette relation ?

Méthode générale

Elle consiste, pour une grandeur *X* quelconque, à exprimer sa dimension notée [*X*] en fonction des sept dimensions de base. Ces dimensions ont pour unités légales celles du Système international dites **SI** ou **unités MKSA** pour mètre, kilogramme, seconde, ampère.

Unité et dimension des grandeurs de base à utiliser
longueur ℓ en m : L ; masse *m* en kg : M ; temps *t* en s : T ; intensité lumineuse I_{lum} en Cd : J ; intensité électrique *I* en A : I ; quantité de matière *n* en mol : N ; température *T* en K : Θ.

1 Déterminer la dimension d'une grandeur

À partir d'une unité (ou d'une formule), **remplacer chaque unité (respectivement chaque grandeur) par sa dimension**.

Exemples

- **À partir de l'unité :** une vitesse *v* peut s'exprimer en $m \cdot s^{-1}$. m a pour dimension L et s^{-1} a pour dimension T^{-1}. *v* a donc pour dimension $L \cdot T^{-1}$.
- **À partir de la formule** de la vitesse $[v] = \frac{[d]}{[\Delta t]}$: *d* a pour dimension L et Δt a pour dimension T. On applique la formule avec les dimensions : $[v] = \frac{L}{T} = L \cdot T^{-1}$.

2 Vérifier l'homogénéité d'une relation

Les membres de droite et de gauche d'une relation littérale doivent avoir les mêmes dimensions pour que la relation soit cohérente.

- Écrire la relation littérale étudiée **en mettant les grandeurs entre crochets**.
- Remplacer chaque lettre symbolisant une grandeur par sa dimension.
- Appliquer les opérations mathématiques figurant dans l'expression littérale pour obtenir la dimension de chaque membre.
- Vérifier que les dimensions des membres de gauche et de droite sont les mêmes.

Conclusion

La dimension de l'énergie cinétique est $M \cdot L^2 \cdot T^{-2}$. Cette relation est en cohérence avec le produit d'une masse par le carré d'une vitesse.

Exemples corrigés

Je comprends

1 Utiliser une unité

À partir de son unité, déterminer la dimension d'une concentration en masse exprimée initialement en $mg \cdot L^{-1}$.

➤ $mg \cdot L^{-1}$ représente une unité de masse divisée par une unité de volume.

La dimension de la concentration en masse est donc $\mathbf{M \cdot L^{-3}}$.

Explication

On remplace chaque unité par la dimension de la grandeur associée.

2 Utiliser une relation

En utilisant la deuxième loi de Newton $F = m \cdot a$, on constate qu'une force est aussi une masse multipliée par une accélération.

Déterminer la dimension d'une force.

➤ La relation entre les grandeurs $[F] = [m] \cdot [a]$ montre que F est en $kg \cdot m \cdot s^{-2}$.
La dimension de la force est donc $\mathbf{M \cdot L \cdot T^{-2}}$.

Explication

On remplace chaque grandeur de la relation par son unité.

Exercices

Je me teste

1 Connaître des grandeurs

CORRIGÉ

Relier chaque grandeur à sa dimension.

Débit volumique $\frac{V}{\Delta t}$ •	• T^{-1}
Masse •	• $M \cdot L^{-3}$
Fréquence •	• $L^3 \cdot T^{-1}$
Solubilité en masse •	• M

2 Utiliser les unités

CORRIGÉ

Déterminer la dimension de chaque grandeur à partir de son unité.

- Masse volumique en $g \cdot mL^{-1}$: ....
- Masse molaire en $g \cdot mol^{-1}$: ....
- Vitesse en $km \cdot h^{-1}$: ....

3 Utiliser une relation

L'unité usuelle de puissance est le watt noté W.

En utilisant l'expression de l'énergie électrique, déterminer la dimension d'une puissance.

$E = \mathcal{P} \cdot \Delta t$ soit $[\mathcal{P}] = \frac{[E]}{[\Delta t]} =$ ....

La dimension d'une puissance est donc ....

4 Faire une analyse dimensionnelle Tle

CORRIGÉ

À partir de la définition donnée pour chaque grandeur, donner la dimension de son unité.

Grandeur	Unité	Dimension
Pression $= \dfrac{\text{Force}}{\text{Surface}}$	Pa (pascal)	....
Charge électrique = Intensité · Temps	C (coulomb)	....
Fréquence $= \dfrac{1}{\text{Période}}$	Hz (hertz)	....

5 Justifier une dimension Tle

CORRIGÉ

Pour chaque relation permettant de déterminer une forme d'énergie, retrouver la dimension de l'énergie.

- $E_{\text{potentielle de pesanteur}} = m \cdot g \cdot h$ avec g l'intensité de la pesanteur en $\text{N} \cdot \text{kg}^{-1}$:

$[E_{\text{pp}}] =$ ....

- $E_{\text{potentielle élastique}} = \dfrac{1}{2} k \cdot x^2$ avec k la constante de raideur en $\text{N} \cdot \text{m}^{-1}$:

$[E_{\text{pe}}] =$ ....

- $E_{\text{électrique}} = U \cdot I \cdot \Delta t$:

$[E_{\text{élec}}] =$ ....

- $E_{\text{thermique}} = m \cdot c \cdot (T_{\text{finale}} - T_{\text{initiale}})$ avec c la capacité thermique massique en $\text{J} \cdot \text{kg}^{-1} \cdot \text{K}^{-1}$:

$[E_{\text{th}}] =$ ....

6 S'approprier une définition Tle

La conductivité thermique λ d'un matériau exprime sa capacité à conduire la chaleur. Son unité est le $\text{W} \cdot \text{m}^{-1} \cdot \text{K}^{-1}$. La résistance thermique R_{th} d'un matériau est proportionnelle à son épaisseur e, et inversement proportionnelle à sa conductivité thermique λ.

Déterminer la dimension de R_{th}.

- $R_{\text{th}} = K \cdot \frac{e}{\lambda}$. L'unité de R_{th} est : ....
- La dimension de R_{th} est : $[R_{\text{th}}] =$ ....
- Conclusion : $[R_{\text{th}}] =$ ....

7 Découvrir une grandeur sans dimension

La compacité C d'un métal cristallisant selon une structure de type cubique à faces centrées d'arête a se calcule selon la formule $C = \dfrac{N \cdot V}{a^3}$ avec N le nombre d'entités par maille, a l'arête de la maille en m et r le rayon de l'entité chimique en m.

Montrer que la grandeur C n'a pas d'unité.

Chaque entité est assimilée à une sphère.
Volume d'une sphère : $V = \frac{4}{3} \pi \cdot r^3$.

$[C] =$ ....

Conclusion : ....

8 Choisir la relation correcte Tle

La constante de gravitation G provenant de la loi de la gravitation de Newton a pour dimension $L^3 \cdot M^{-1} \cdot T^2$.

Cocher l'expression correcte de la période *T* en fonction de la masse *M* de l'astre attracteur et du rayon *r* de l'orbite d'un satellite soumis à cet attracteur.

☐ $T = 2\pi\sqrt{\frac{G \cdot M}{r^2}}$ ☐ $T = 2\pi\sqrt{\frac{r}{G \cdot M}}$

☐ $T = 2\pi\sqrt{\frac{r^3}{G \cdot M}}$ ☐ $T = 2\pi\sqrt{\frac{r^2}{G \cdot M}}$

9 Analyser une expression

La loi fondamentale de la statique des fluides indique que la différence de pression $(p_1 - p_2)$ entre les points M_1 et M_2 d'un liquide au repos est reliée à leurs altitudes par $p_1 - p_2 = \rho \cdot g \cdot (z_2 - z_1)$ avec *p* la pression en pascal, ρ la masse volumique en $kg \cdot m^{-3}$, *z* en m et *g* en $N \cdot kg^{-1}$.

Donner la dimension de la pression :

- La masse volumique ρ est en ……………………………, donc [ρ] = …………………………….
- L'intensité de la pesanteur *g* est en ……………………………, donc [*g*] = …………………………….
- L'altitude *z* a pour dimension [*z*] = …………………………….
- On en déduit la dimension de la pression : [*p*] = …………………………………………………….

10 Trouver l'expression d'une grandeur de dimension connue Tle

La puissance électrique $\mathcal{P}$ en watt (W) délivrée par une éolienne dépend de la masse volumique ρ de l'air, de la vitesse *v* du vent et de la longueur ℓ de ses pales selon une loi du type $\mathcal{P} = K \cdot \rho^a \cdot v^b \cdot \ell^c$ dans laquelle les coefficients *a*, *b* et *c* sont inconnus. *K* est un coefficient de proportionnalité sans unité.

En utilisant les dimensions de chaque grandeur citée, donner l'expression littérale de la puissance de l'éolienne en fonction de ces grandeurs, en déterminant les valeurs de *a*, *b* et *c* :

- Relier $\mathcal{P}$ aux grandeurs à partir de la définition :

$\mathcal{P}$ = ……………………………………………………………………………………………………

- Transformer cette relation pour faire apparaître les unités :
W = ……………………………………………………………………………………………………

- Rassembler les unités MKSA dans l'expression de droite, l'expression de gauche étant fournie : W = ……………………………………………………

- Par comparaison, déterminer les valeurs de *a*, *b* et *c* :

a = ……………… *b* = ……………… c = ………………

- En déduire l'expression de la puissance : ……………………………………………………

10 Donner un résultat avec le bon nombre de chiffres significatifs

Je révise

Situation

Une salle a pour longueur 6,12 m et pour largeur 4,2 m, mesures données au centième et au dixième près. Pour trouver son aire, il faut multiplier sa longueur par sa largeur. Or, le produit de ces deux valeurs donne à la calculatrice 25,704 m², valeur donnée avec une précision au millième.

Comment arrondir ce résultat avec un nombre de chiffres significatifs correct ?

Méthode générale

La méthode consiste à tenir compte de la précision des données initiales, et à choisir le nombre de chiffres significatifs de la valeur la moins précise.

1 Déterminer le nombre de chiffres significatifs des données

- Repérer le nombre de chiffres significatifs de chacune des données en utilisant les règles suivantes :

Règles	*Exemples*
– Les virgules sont ignorées.	• 14 et 1,4 ont deux chiffres significatifs.
– Les 0 à gauche dans l'écriture d'un nombre ne comptent pas.	• 0,21 et 0,021 ont deux chiffres significatifs.
– Les 0 placés à droite d'un nombre comptent.	• 5,20 a trois chiffres significatifs alors que 5,2 en a deux.
– Lorsqu'une puissance de 10 est présente, seul le nombre situé devant compte.	• Pour $1,3 \times 10^3$, ne considérer que 1,3.

2 Écrire un résultat avec la bonne précision

- Effectuer le calcul de tête ou à l'aide d'une calculatrice.

– Dans le **cas d'une multiplication ou d'une division**, le résultat doit avoir le même nombre de chiffres significatifs que la donnée en possédant le moins.

– Dans le **cas d'une addition ou d'une soustraction**, la donnée la moins précise impose sa précision.

- **Arrondir le résultat à la précision de la donnée la moins précise.**

Conclusion

La salle de classe a pour aire 26 m², valeur arrondie à deux chiffres significatifs de 25,704 m².

Exemples corrigés

Je comprends

1 Repérer le nombre de chiffres significatifs

Combien les nombres suivants possèdent-ils de chiffres significatifs ?

- 1,23 : **3**
- $1{,}23 \times 10^3$: **3**
- 0,012 : **2**
- 12,0 : **3**
- 0,120 : **3**

2 Écrire le résultat d'un calcul avec la bonne précision

a. Une classe a pour longueur $L = 6{,}00$ m, largeur $\ell = 4{,}00$ m et pour hauteur $h = 2{,}352$ m.

➤ Son volume est donc :
$V = 6{,}00 \times 4{,}00 \times 2{,}352 = $ **56,4** m³.

b. Une éprouvette pleine contient 150 g d'eau et pèse 100,0 g lorsqu'elle est vide.

➤ L'eau a donc pour masse :
150 – 100,0 = **50** g.

Explication

a. Ce résultat est obtenu par **arrondi à 3 chiffres significatifs** de 56,448 m³, L et ℓ possédant 3 chiffres significatifs alors que h en possède 4.

b. 150 g a pour précision le g.
100,0 a pour préci**sion le dg.**
Le résultat a donc la précision de la valeur la moins précise, soit le g.

Exercices

Je me teste

1 Trouver le nombre de chiffres significatifs

CORRIGÉ

Donner pour chaque valeur son nombre de chiffres significatifs.

- 2,4 ....
- 0,024 ....
- $1{,}81 \times 10^{-3}$ ....
- 240 ....

2 Distinguer le 0 à droite du 0 à gauche

Indiquer combien le nombre 0,040 possède de chiffres significatifs.

☐ 1 ☐ 2 ☐ 3 ☐ 4

3 Comprendre des écritures différentes

Relier chaque valeur à son nombre de chiffres significatifs.

2,021 •	• 2
$1{,}1 \times 10^3$ •	• 3
0,4 •	• 4
0,0203 •	• 1

4 Donner le résultat d'une mesure

CORRIGÉ

Cocher le nombre de chiffres significatifs de la mesure donnée par cet ampèremètre.

☐ 1
☐ 2
☐ 3
☐ 4

Exercices

5 Écrire le résultat d'un calcul

CORRIGÉ

Cocher la réponse correcte.

Lors du calcul d'une masse à partir d'une quantité de matière, on arrive au calcul suivant : $m = 1{,}02 \times 12$. Il faudra conserver dans le résultat 2 chiffres significatifs.

☐ Vrai ☐ Faux

6 Rédiger le résultat d'un calcul

Compléter le texte suivant :

« Pour calculer une quantité de matière, tu disposes de 5,0 g de saccharose de masse molaire 342 g·mol^{-1}. L'opération à réaliser est une division car la relation utilisée est $n = \frac{m}{M}$. Il te faudra donc donner le résultat de ton calcul avec .... chiffres significatifs. »

7 Comprendre le nombre de chiffres significatifs

CORRIGÉ

Cocher la réponse correcte.

La distance entre un satellite et le centre de la Terre est égale au rayon de la Terre, 6 370 km, plus l'altitude du satellite, 36 000 km pour un satellite géostationnaire. Cette distance possède donc 4 chiffres significatifs.

☐ Vrai ☐ Faux

8 Écrire un résultat correctement

La masse d'un liquide placé dans une éprouvette peut être trouvée par double pesée d'une éprouvette vide puis de l'éprouvette avec le liquide. La masse de l'éprouvette vide est 100,0 g et avec son contenu 200,45 g.

Quelle est la masse arrondie *m* du liquide contenu ?

$m =$ ....

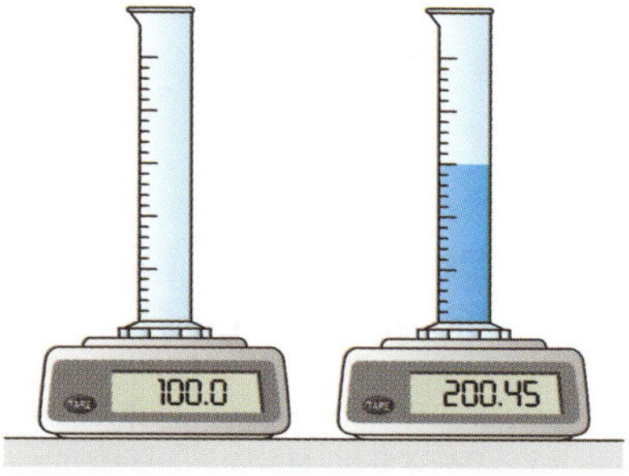

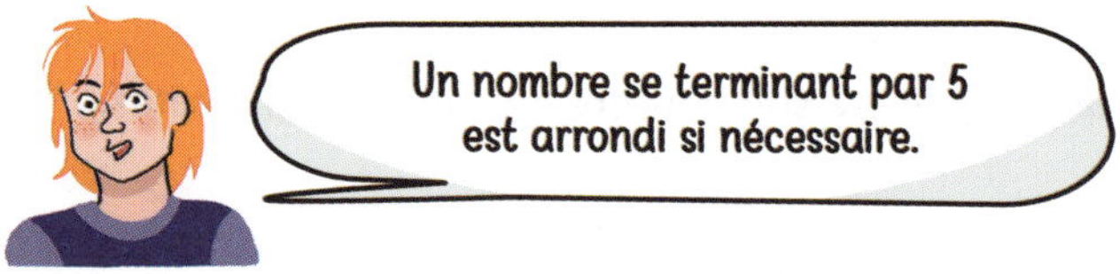

9 Donner le résultat d'une opération

Relier chaque calcul au nombre de chiffres significatifs attendus dans le résultat.

12,0 + 16,0 •	• 2
2 + 3,1 •	• 4
0,42 + 0,315 •	• 3
1,203 + 5,120 •	• 1

10 Écrire correctement un résultat

Un ballon météorologique contient 22,0 m^3 d'hélium. Un technicien lui rajoute 8,05 m^3 du même gaz. **Quel volume de ce gaz contient alors ce ballon ?**

- ☐ 30,05 m^3
- ☐ 30 m^3
- ☐ 30,1 m^3
- ☐ 31 m^3

11 Prévoir l'écriture d'un résultat

Indiquer le nombre de chiffres significatifs du résultat du calcul de la force d'attraction de la Terre par le Soleil :

$$F = 6{,}67 \times 10^{-11} \times \frac{6{,}0 \times 10^{24} \times 2{,}0 \times 10^{30}}{(150 \times 10^{9})^{2}}$$

Le résultat devra comporter .... chiffres significatifs.

12 Donner le résultat d'un titrage Tle

Une solution d'acide acétylsalicylique de volume $V_A = 100{,}0$ mL est titrée en conductimétrie par une solution d'hydroxyde de sodium à la concentration $c_B = 1{,}0 \times 10^{-1}$ mol·L^{-1}. Le volume équivalent de ce titrage a pour valeur $V_B = 7{,}0$ mL.

Quelle est la valeur de la concentration de cet acide ?

Concentration de l'acide : c_A = ... mol·L^{-1}.

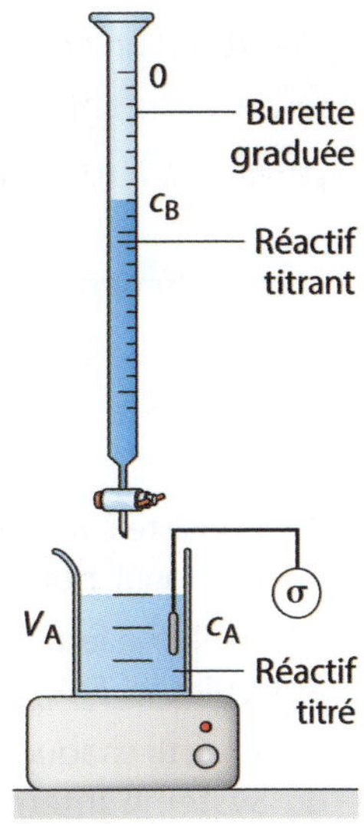

13 Déterminer la résistance interne d'une pile Tle

La caractéristique d'une pile a pour équation $U = E - r \cdot I$ dans laquelle U est la tension en V mesurée aux bornes de cette pile, E sa tension à vide en V, I l'intensité en A du courant qu'elle débite et r sa résistance interne en Ω.

Une pile Daniell est constituée à partir de cuivre et de zinc sous forme de métal ou d'ions en solution. La tension à vide a pour valeur 1,1 V. La tension à ses bornes n'est plus que de 0,85 V lorsque la pile débite un courant électrique d'intensité 200 mA.

Quelle est la valeur correcte de la résistance interne de la pile ?

- ☐ 1,25 Ω
- ☐ 1,3 Ω
- ☐ 2 Ω

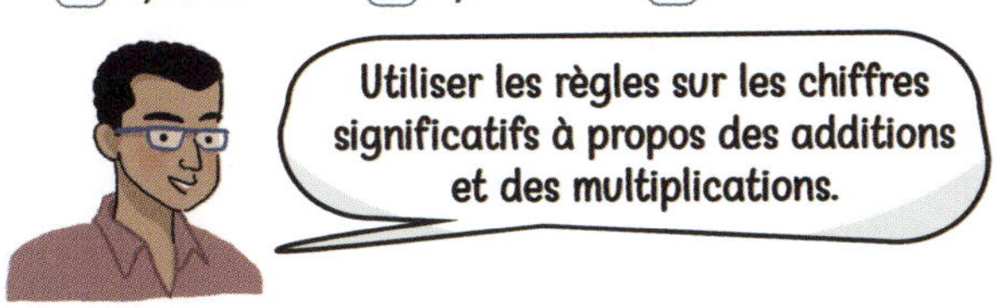

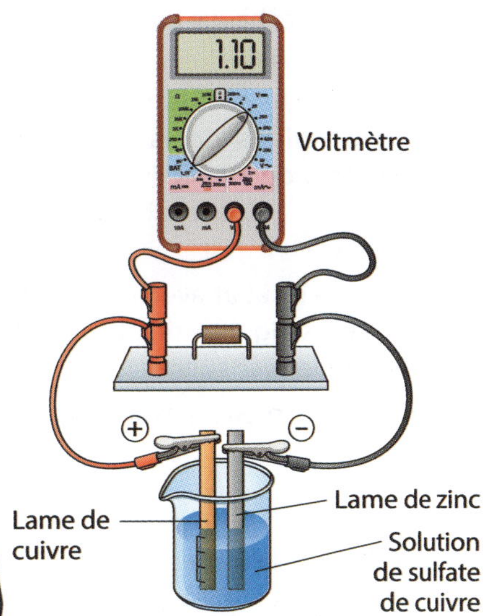

11 Réaliser une application numérique

Je révise

Situation

L'interaction électromagnétique est l'une des quatre interactions connues dans l'Univers. Une de ses manifestations est la force électrique. La force électrique exercée entre un électron et un proton distants de d s'écrit $F_e = k \cdot \frac{|q_p \cdot q_e|}{d^2}$, avec k la constante électrique, q_p et q_e respectivement les charges électriques du proton et de l'électron.

Données : $k = 9{,}0 \times 10^9$ USI, $q_p = 1{,}60 \times 10^{-19}$ C, $q_e = -1{,}60 \times 10^{-19}$ C et $d = 53$ pm.

? Comment calculer la valeur numérique de l'intensité de la force électrique ?

Méthode générale

Elle consiste à remplacer chaque grandeur par sa valeur exprimée dans l'unité du Système international, puis à effectuer les calculs en utilisant les fonctionnalités de la calculatrice.

- Identifier la lettre représentant la grandeur à calculer, ici F_e.
- Convertir chaque grandeur dans les unités du Système international, soit les unités MKSA. Fiche 8
- Remplacer chaque grandeur par sa valeur dans la formule.
- Calculer le résultat en utilisant les fonctionnalités de la calculatrice. Les puissances de 10 s'écrivent en utilisant la touche ×10^x ou la touche EE en fonction du modèle.
- Écrire le résultat avec le nombre correct de chiffres significatifs. Utiliser l'écriture scientifique avec l'unité. Fiche 10
- Utiliser les préfixes exprimant dans le langage courant les puissances de 10. Fiche 4

Exemples

- La distance est ici en picomètre. La convertir en mètre : $d = 53 \times 10^{-12}$ m
- $F_e = 9{,}0 \times 10^9 \times \frac{|1{,}60 \times 10^{-19} \times (-1{,}60 \times 10^{-19})|}{(53 \times 10^{-12})^2}$
- Entrer le calcul attendu sur la calculatrice :

$$9.0E9 \times \frac{1.60E-19 \times 1.60E-19}{(53E-12)^2}$$

- Lire le résultat obtenu :

8.202207191E−8

- Le résultat définitif sera écrit avec 2 chiffres significatifs en suivant le nombre de chiffres significatifs de la donnée la moins précise, soit k ou d.

Conclusion

Calcul de la force :

$$F_e = 9{,}0 \times 10^9 \times \frac{|1{,}60 \times 10^{-19} \times (-1{,}60 \times 10^{-19})|}{(53 \times 10^{-12})^2} = 8{,}2 \times 10^{-8}\,\text{N} = \mathbf{82 \times 10^{-9} = 82\ nN}$$

Exemples corrigés

Je comprends

1 Calculer une valeur de résistance

Un conducteur ohmique est traversé par un courant d'intensité $I = 150$ mA lorsqu'il est soumis à une tension de 9,0 V.

En appliquant la loi d'Ohm $U = R \cdot I$, calculer la valeur de la résistance du conducteur ohmique.

➤ Le conducteur ohmique a donc une résistance de **60 Ω.**

Explication

La lettre à rechercher dans l'expression est *R*.

- La loi d'Ohm permet d'écrire : $R = \frac{U}{I}$.
- L'intensité est convertie en ampère : $I = 0{,}150$ A.
- Application numérique : $R = \frac{9{,}0}{0{,}150} = 60\ \Omega$.

2 Calculer une période

La période d'oscillation d'un pendule simple peut être déterminée par la relation $T = 2\,\pi \times \sqrt{\frac{\ell}{g}}$, ℓ représentant la longueur du pendule et g l'intensité de la pesanteur.

Calculer la période des oscillations d'un pendule de longueur 20,0 cm.

Donnée : $g = 9{,}81\ \text{N}\cdot\text{kg}^{-1}$.

➤ La période d'oscillation de ce pendule est de **$8{,}97 \times 10^{-1}$ s.**

Explication

L'énoncé demande de calculer la période *T*.

- L'expression littérale est $T = 2\,\pi \times \sqrt{\frac{\ell}{g}}$.
- Application numérique, avec conversion de la longueur en mètre :

$$T = 2\,\pi \times \sqrt{\frac{20{,}0 \times 10^{-2}}{9{,}81}} = 8{,}97 \times 10^{-1}\ \text{s}.$$

Exercices

Je me teste

1 Calculer une tension

CORRIGÉ

Cocher le résultat correct.

La tension aux bornes d'un conducteur ohmique de 33 Ω parcouru par un courant d'intensité de 120 mA, selon la loi d'Ohm $U = R \cdot I$, vaut :

☐ $4{,}0 \times 10^3$ V ☐ 4,0 V ☐ 3,9 V ☐ $4{,}0 \times 10^{-3}$ V

2 Calculer un volume

CORRIGÉ

Lors de la dilution d'une solution mère, le calcul du facteur de dilution $F = \frac{V_{\text{fille}}}{V_{\text{mère}}}$ donne $F = 5{,}0$. Le volume de la solution fille est égal à 200 cm³, le volume de la solution mère à prélever est donc $V_{\text{mère}} = 40$ cm³.

Cocher la réponse correcte.

☐ Vrai ☐ Faux

Exercices

3 Calculer une distance

Un véhicule parcourt une distance d en roulant à la vitesse de $12{,}0 \text{ m} \cdot \text{s}^{-1}$ pendant 15,0 min.

Déterminer la valeur de cette distance.

$d =$ ....

4 Calculer la valeur d'une force d'attraction

CORRIGÉ

Considérons la force exercée par la Terre sur un ballon dans deux situations différentes.

Relier l'opération avec le résultat correspondant.

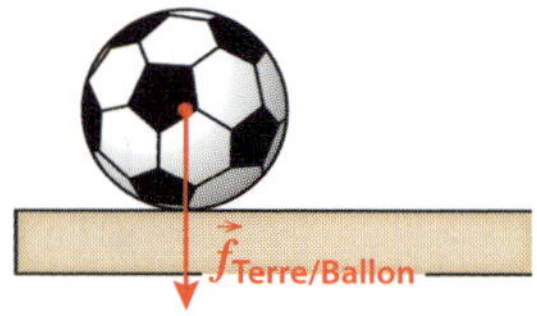

Force exercée par la Terre sur un ballon : $6{,}67 \times 10^{-11} \times \dfrac{6{,}0 \times 10^{24} \times 0{,}125}{(6{,}38 \times 10^{8})^2}$ •	•	$3{,}5 \times 10^{-1}$ N
Force exercée par la Terre sur un ballon : $6{,}67 \times 10^{-11} \times \dfrac{6{,}0 \times 10^{24} \times 400}{(6{,}74 \times 10^{8})^2}$ •	•	$1{,}2 \times 10^{-4}$ N

5 Choisir la masse correcte

CORRIGÉ

La masse volumique de l'eau a été déterminée par l'application de la relation $\rho = \dfrac{m}{V}$. La valeur obtenue est $1{,}0 \text{ g} \cdot \text{cm}^{-3}$.

Cocher le (ou les) résultat(s) du calcul de la masse d'eau pour un volume de 0,25 dm³.

☐ 0,25 kg ☐ 0,25 g ☐ $2{,}5 \times 10^{2}$ g ☐ $2{,}5 \times 10^{2}$ kg

6 Choisir la distance correcte

Une chauve-souris utilise l'écholocalisation pour « visualiser » les obstacles par réflexion. Elle émet pour cela des ultrasons se déplaçant à la vitesse de $345 \text{ m} \cdot \text{s}^{-1}$.

Calculer la distance de l'obstacle si l'onde ultrasonore a été reçue par l'animal 11,6 ms après l'émission.

Cocher la réponse correspondante.

☐ 4,00 m ☐ 29,7 m ☐ 2,00 m

7 Calculer une énergie

Lors de la fusion de la glace, l'énergie thermique reçue par la glace a pour expression $Q = m \cdot L_{\text{fusion}}$ avec L_{fusion} l'énergie massique de fusion de la glace, $L_{\text{fusion}} = 333 \text{ kJ} \cdot \text{kg}^{-1}$.

Calculer l'énergie reçue par un glaçon de 12,6 g.

....

8 Calculer l'intensité d'une force

La force gravitationnelle s'exerçant entre la Terre et le Soleil s'écrit $F_{T/S} = G \cdot \frac{m_T \cdot m_S}{d^2}$.

Calculer son intensité.

Données : $G = 6{,}67 \times 10^{-11}$ N·m²·kg⁻² ; $m_T = 6{,}0 \times 10^{24}$ kg ; $m_S = 2{,}0 \times 10^{30}$ kg ; $d = 1{,}5 \times 10^{8}$ km.

....

9 Calcul de longueur d'onde

L'énergie E d'un photon est reliée à sa longueur d'onde λ par la relation $E = \frac{h \cdot c}{\lambda}$, h représentant la constante de Planck et c la célérité de la lumière dans le vide.

Compléter les étapes permettant d'obtenir le résultat d'une longueur d'onde en nm associée à une énergie de 2,73 eV.

Données : $h = 6{,}63 \times 10^{-34}$ J·s ; $c = 3{,}00 \times 10^{8}$ m·s⁻¹ et 1 eV = $1{,}602 \times 10^{-19}$ J.

- Identifier la lettre de la grandeur cherchée : ....
- Isoler cette lettre dans l'expression littérale : ....
- Convertir l'énergie en joule : $E =$ ....
- Calculer la valeur de la grandeur inconnue :

....

- Convertir le résultat en nm : ....

10 Calculer une altitude avec la 3e loi de Kepler Tle

La période de révolution d'un satellite terrestre est déterminée en utilisant la 3e loi de Kepler : $T = 2\pi\sqrt{\frac{r^3}{G \cdot m_T}}$, avec G la constante de gravitation, M_T la masse de la Terre et r la distance entre les centres du satellite et de la Terre. Dans le cas d'un satellite géostationnaire, celui-ci possède une période de révolution sidérale de 23 h 56 min 4 s. Posons $r = R_T + h$, R_T étant le rayon de la Terre et h l'altitude du satellite.

Données : $R_T = 6{,}37 \times 10^{3}$ km ; $M_T = 5{,}98 \times 10^{24}$ kg ; $G = 6{,}67 \times 10^{-11}$ N·m²·kg⁻².

1. Convertir la période de révolution sidérale en secondes.

$T =$ ....

2. Exprimer l'altitude h en fonction des autres grandeurs.

....

....

3. Calculer l'altitude du satellite en m, puis en km.

....

....

12 Calculer une incertitude sur un résultat

Je révise

Situation

Un expérimentateur souhaite mesurer avec le maximum de précision la durée de chute d'une petite bille d'acier dans l'air en utilisant un dispositif vidéo de pointage. La précision de cette mesure est limitée à la fois par le mode opératoire et par le dispositif de mesure.

De quelles méthodes dispose-t-il pour effectuer sa mesure précisément et pour estimer la précision de celle-ci ?

Méthode générale

Deux méthodes de calcul sont utilisées :

– le calcul des incertitudes de type A : elle consiste à prendre un grand nombre de mesures, puis à réaliser une **étude statistique** ;

– le calcul des incertitudes de type B : elle consiste à faire **une seule mesure** avec un instrument et à estimer la précision de l'appareil ;

– le calcul des incertitudes composées.

1 Calculer une incertitude de type A

- Cette méthode est **statistique**. Elle consiste dans l'ordre à :

– relever un **grand nombre de mesures** ;

– tracer si nécessaire l'**histogramme,** ou la courbe la plus adaptée à la représentation de ces mesures ;

– calculer la **moyenne** $\overline{m}$ et l'**écart-type** σ de ces mesures.

- La valeur « moyenne » $\overline{m}$ des mesures est entachée d'une incertitude à :

  - $\pm\ 3\ \sigma$ si l'on souhaite intégrer 95 % des mesures à l'incertitude. On note cette incertitude : $U_{95\ \%}$.
  - $\pm\ 5\ \sigma$ si l'on souhaite intégrer 99 % des mesures à l'incertitude. On note cette incertitude : $U_{99\ \%}$.

L'ensemble des mesures aux niveaux de confiance 95 % ou 99 % s'appelle l'**intervalle de confiance.** Sa valeur est le double des incertitudes $U_{95\ \%}$ ou $U_{99\ \%}$ en fonction de la précision souhaitée.

Exemple

La courbe ci-contre représente la **répartition** des incertitudes à 95 % en bleu et à 99 % en vert pour un grand nombre de mesures symétriques à la valeur moyenne $\bar{m}$ de la mesure.
Dans chaque cas, les valeurs 95 % et 99 % représentent la proportion des mesures présentes dans ces intervalles.

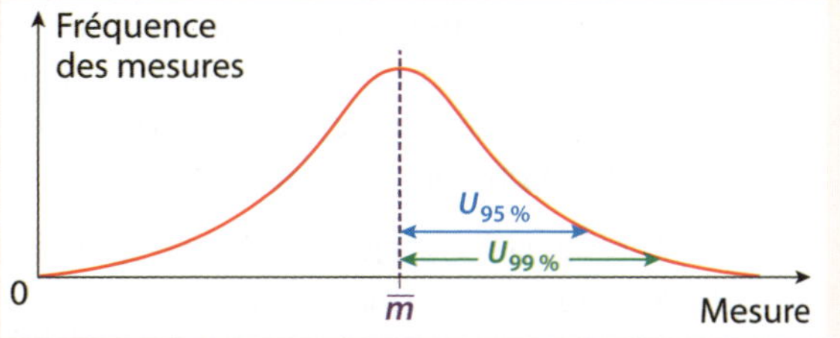

- Les lois physiques sont en général assez bien admises dans des intervalles de confiance de 10 %. **L'incertitude $U_{95\%}$ est donc la plus souvent utilisée.**
- Cette méthode est utilisée pour un ensemble de mesures réalisées par un même opérateur dans les mêmes conditions expérimentales. Cela peut, par exemple, être un microcontrôleur programmé pour enregistrer un grand nombre de mesures.
- Pour N mesures obtenues à la fréquence f_i, la **moyenne des mesures $\bar{m}$** a pour définition :

$$\bar{m} = \frac{1}{N} \Sigma_i f_i \cdot m_i$$

- L'**écart-type** est défini par la relation :

$$\sigma_{N-1} = \sqrt{\frac{\Sigma_i f_i \cdot (m_i - \bar{m})^2}{N-1}}$$

- L'**incertitude de répétabilité** pour une mesure M est donnée par la relation :

$$U(M) = k \cdot \frac{\sigma_{N-1}}{\sqrt{N}}$$

Facteurs d'élargissement obtenus *k* à partir de la loi de « Student »

N	2	3	4	5	6	7	8	9	10	11	**12**	13	14	15
$k_{95\%}$	12,70	4,30	3,18	2,78	2,57	2,45	2,37	2,31	2,26	2,23	2,20	2,18	2,16	2,15
$k_{99\%}$	67,70	9,93	5,84	4,60	4,03	3,71	3,50	3,36	3,25	3,17	**3,11**	3,06	3,01	2,98

k s'appelle le **facteur d'élargissement**. Il dépend du nombre de mesures N et du niveau de confiance choisi, soit à 95 %, soit à 99 %. Ce facteur intervient dans la forme de la courbe de la loi statistique de Student. Lorsque k augmente, la loi de Student peut être approchée par une loi normale centrée réduite.

Exemple

Un expérimentateur, faisant 12 mesures avec un niveau de confiance à 99 %, devra prendre k = **3,11** dans la formule de calcul de l'incertitude $U(M)$.

2 Calculer une incertitude de type B

Cette méthode est utilisée lorsqu'une même mesure ne peut pas être répétée un grand nombre de fois, par exemple dans le cas d'une mesure destructrice telle qu'un titrage. Il faut alors **estimer l'erreur à partir des indications de l'appareil**.

- **Cas d'une lecture simple**

Dans le cas, par exemple, d'un relevé de température, la lecture de la température se fait sur **une seule graduation** du thermomètre. L'incertitude est liée à la lecture faite par la personne sur la graduation, et à l'épaisseur même de son trait, soit à la précision de l'appareil.

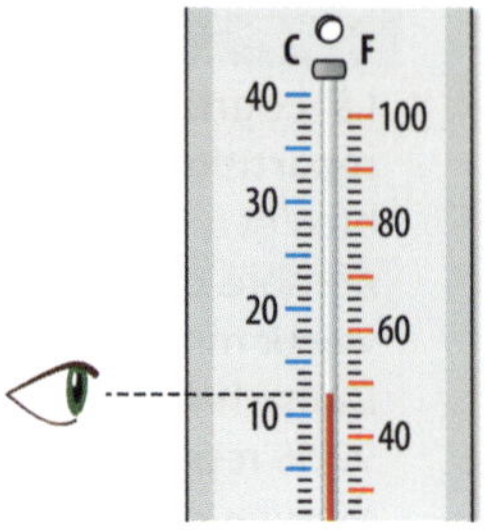

Exemple

2 graduations correspondent à 1 °C.
Incertitude sur une lecture : $U_{\text{lecture}} = \dfrac{2 \text{ graduations}}{\sqrt{12}}$

$\sqrt{12}$ est la valeur admise qu'on utilisera.

- **Cas d'une lecture double**

Dans le cas, par exemple, du prélèvement d'un volume de solution à l'aide d'une pipette à double graduation, **l'incertitude** sur la lecture du niveau de liquide **est répétée deux fois**, une fois sur le trait du haut, une fois sur celui du bas. Là encore, l'incertitude est liée à la lecture faite par la personne sur la graduation, et à l'épaisseur même du trait de mesure, soit à la précision de l'appareil.

Le résultat s'obtient en multipliant le résultat de l'incertitude pour une mesure à simple trait par $\sqrt{2}$. **L'incertitude sur une lecture double est donnée par la relation :**

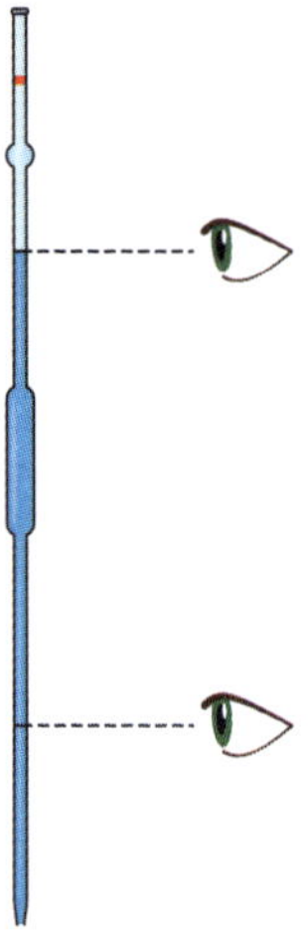

$$U_{\text{lecture double}} = \sqrt{2} \cdot U_{\text{lecture simple}}$$

3 Calculer une incertitude composée

Une incertitude composée est une incertitude formée à partir de différentes incertitudes de type A, de type B ou des deux mélangées.

On peut la trouver, par exemple, dans la détermination d'une vitesse. Une vitesse est définie comme le quotient de la distance par la durée : $\boldsymbol{v} = \dfrac{d}{\Delta t}$.

Elle fait intervenir deux grandeurs pouvant avoir chacune sa propre incertitude :

– **L'incertitude sur la mesure de la distance** peut être effectuée en évaluant une incertitude de type A si elle est effectuée avec un télémètre répétant la même mesure. Elle peut être évaluée par une incertitude de type B si la mesure est faite avec une règle graduée ou un ruban mètre.

– **L'incertitude sur la mesure de la durée** peut être effectuée en évaluant une incertitude de type A si la mesure est faite plusieurs fois avec un chronomètre, dans des conditions identiques, ou par une incertitude de type B en considérant les erreurs d'appareil.

L'**incertitude composée** est calculée par la relation ci-dessous. Ce calcul est la moyenne quadratique, soit la racine carrée de la somme des carrés des **incertitudes relatives attachées à chaque grandeur considérée.**

Pour une grandeur X composée de N grandeurs numérotées ci-dessous de 1 à N :

$$U(X) = X \cdot \sqrt{\left(\frac{U(X_1)}{X_1}\right)^2 + \left(\frac{U(X_2)}{X_2}\right)^2 + \ldots + \left(\frac{U(X_N)}{X_N}\right)^2}$$

Cette relation peut s'écrire de façon condensée :

$$U(X) = X \cdot \sqrt{\Sigma_{i=1}^{N}\left(\frac{U(X_i)}{X_i}\right)^2}$$

Le signe $\Sigma_{i=1}^{N}$ signifie, en français, que l'on fait une addition ou une somme depuis la valeur numéro 1 jusqu'à la valeur N de l'opération écrite juste après le signe.

Cette incertitude composée est dite **relative** si elle est écrite sous la forme :

$$\frac{U(X)}{X} = \sqrt{\sum_{i=1}^{N}\left(\frac{U(X_i)}{X_i}\right)^2}$$

Exemple

Un radar routier, appelé aussi cinémomètre Laser, mesure la vitesse d'un véhicule en déplacement. Il détermine pour ce véhicule une distance parcourue de 50,3 ± 0,2 m en 2,05 ± 0,03 s.

Sa vitesse moyenne est donc : $v = \frac{d}{\Delta t} = \frac{50,3}{2,05} = 24,5 \text{ m} \cdot \text{s}^{-1}$.

La définition de la vitesse fait intervenir une distance d et une durée Δt. On évalue l'incertitude sur la mesure de la vitesse en appliquant la relation sur l'incertitude composée :

$$U(v) = v \cdot \sqrt{\left(\frac{U(d)}{d}\right)^2 + \left(\frac{U(\Delta t)}{\Delta t}\right)^2}$$

En faisant l'application numérique, cela donne :

$$U(v) = 24,5 \times \sqrt{\left(\frac{0,2}{50,3}\right)^2 + \left(\frac{0,03}{2,05}\right)^2}$$

En calculant seulement les fractions : $U(v) = 24,5 \times \sqrt{(4 \times 10^{-3})^2 + (1 \times 10^{-2})^2}$

En calculant sous la racine carrée : $U(v) = 24,5 \times \sqrt{1 \times 10^{-4}}$

Et par suite : $U(v) = 24,5 \times 1 \times 10^{-2} = 0,2 \text{ m} \cdot \text{s}^{-1}$.

Ce résultat est l'incertitude sur la mesure de la vitesse.

Il peut aussi être exprimé sous la forme $v = 24,5 \pm 0,2 \text{ m} \cdot \text{s}^{-1}$.

Remarque : l'incertitude relative est déterminée par le quotient $\frac{0,2}{24,5} = 8 \times 10^{-3}$. Cette mesure est donc réalisée à 0,8 % près, ce qui constitue une valeur très acceptable en terme de précision.

Exemples corrigés

Je comprends

1 Reconnaître le type d'une incertitude

Un expérimentateur utilise un banc d'optique afin de mesurer la distance focale d'une lentille convergente. Il positionne la lampe sur une graduation, l'objet sur une autre graduation et règle la position de la lentille afin d'obtenir une image nette.

À quel type d'incertitude la mesure est-elle soumise ?

➤ La mesure de la distance focale est donnée en utilisant une **incertitude de type B**.

Explication

L'incertitude est de type B car il s'agit d'une incertitude non statistique basée sur une mesure entre deux graduations.

Je comprends

2 Calculer une incertitude de type A

Une petite bille d'acier tombe dans l'air. L'expérimentateur relève la durée de la chute, notée Δt. Il renouvelle l'expérience 8 fois et reporte ses mesures en s dans le tableau ci-contre.

1,21	1,24	1,19	1,20
1,20	1,22	1,21	1,23

Compléter les phrases ci-dessous.

➤ Il s'agit d'une incertitude de type A de moyenne $\overline{\Delta t}$ **= 1,21 s**, d'écart-type σ_7 **= 0,02 s**, d'incertitude de répétabilité à 95 % **$U(\Delta t)$ = 0,02 s**.
L'encadrement de la mesure donne comme résultat **Δt = 1,21 ± 0,02 s**.

Explication

- L'incertitude est de type A car il s'agit d'une incertitude de répétabilité.
- Calcul de la moyenne : $\overline{\Delta t} = \frac{1}{8}(2 \times 1{,}21 + 1{,}24 + 1{,}19 + 2 \times 1{,}20 + 1{,}22 + 1{,}23) = 1{,}21$ s.
- Calcul de l'écart-type σ_7 car dans la formule de l'écart-type figure $N - 1 = 8 - 1 = 7$:

$$\sigma_7 = \sqrt{\frac{2 \times (1{,}21-1{,}21)^2 + (1{,}24-1{,}21)^2 + (1{,}19-1{,}21)^2 + 2 \times (1{,}20-1{,}21)^2 + (1{,}22-1{,}21)^2 + (1{,}23-1{,}21)^2}{7}}$$

$$\sigma_7 = \sqrt{\frac{2 \times (0{,}00)^2 + (0{,}03)^2 + (0{,}02)^2 + 2 \times (-0{,}01)^2 + (0{,}01)^2 + (0{,}02)^2}{7}} = \mathbf{0{,}02\ s.}$$

- Relevé de k : on relève dans le tableau du facteur d'élargissement la valeur de $k_{95\,\%}$ pour 8 mesures : **2,37**.
- Calcul de l'incertitude $U(\Delta t)$: $U(\Delta t) = k \cdot \frac{\sigma_7}{\sqrt{8}} = 2{,}37 \times \frac{0{,}02}{\sqrt{8}} = \mathbf{0{,}02\ s.}$
- Écriture du résultat : Δt = **1,21 ± 0,02 s.**

3 Calculer une incertitude de type B ou non statistique

Une petite bille d'acier tombe dans l'air. L'expérimentateur effectue un relevé de la durée de chute de la bille en utilisant un chronomètre à aiguilles précis au centième de seconde. Il mesure une valeur de 1,21 s.

Déterminer l'incertitude sur la mesure de la vitesse.

➤ Il trouve pour évaluation de son résultat une incertitude de **$U(\Delta t)$ = 0,01 s** et pour écriture du résultat : **Δt = 1,22 ± 0,01 s**.

Explication

- L'incertitude est de type B car il s'agit d'une mesure unique pour laquelle on doit estimer l'incertitude de l'appareil.
- Un chronomètre effectue une mesure double car il est déclenché pour une date de départ, puis déclenché à nouveau à la fin de l'opération. On utilise donc une double lecture, car chacune des deux graduations comporte son incertitude de mesure :

$$U_{\text{double lecture}} = \sqrt{2} \cdot U_{\text{lecture}} = \sqrt{2} \cdot \frac{2 \text{ graduations}}{\sqrt{12}} = \sqrt{2} \times \frac{2 \times 0{,}01}{\sqrt{12}} = \mathbf{0{,}01\ s.}$$

- Écriture du résultat : Δt = **1,21 ± 0,01 s.**

4 Calculer une incertitude composée

Un expérimentateur laisse tomber huit fois une petite bille en acier d'une hauteur $h = 7{,}10 \pm 0{,}10$ m évaluée par un instrument par une incertitude de type B.
La durée de chute a été évaluée par l'intermédiaire d'une incertitude de type A. Elle a pour valeur $\Delta t = 1{,}21 \pm 0{,}02$ s.

Le calcul de la vitesse moyenne de chute donne pour résultat $v = \mathbf{5{,}87}\ \text{m}\cdot\text{s}^{-1}$.

Avec quelle incertitude peut-on évaluer la valeur de la vitesse et comment écrire le résultat ?

➤ L'incertitude composée a pour valeur : $U(v) = 0{,}14\ \text{m}\cdot\text{s}^{-1}$.

➤ La valeur de la vitesse peut donc être exprimée sous la forme : $v = 5{,}87 \pm 0{,}14\ \text{m}\cdot\text{s}^{-1}$.

Explication

- L'incertitude est une incertitude composée.
- Calcul de l'incertitude composée sur la vitesse :

$$U(v) = v \cdot \sqrt{\left(\frac{U(d)^2}{d}\right) + \left(\frac{U(\Delta t)^2}{\Delta t}\right)} \quad \text{soit} \quad U(v) = 5{,}87 \times \sqrt{\left(\frac{0{,}10}{7{,}10}\right)^2 + \left(\frac{0{,}02}{1{,}21}\right)^2} = 0{,}14\ \text{m}\cdot\text{s}^{-1}.$$

- Écriture du résultat : $v = \mathbf{5{,}87 \pm 0{,}14\ m\cdot s^{-1}}$.

Exercices — Je me teste

1 Reconnaître s'il s'agit d'une incertitude de type A, B ou composée

La transformation chimique causée par la réaction entre le magnésium et l'acide chlorhydrique a pour équation de réaction :

$$Mg_{(s)} + 2\,H_3O^+_{(aq)} \rightarrow Mg^{2+}_{(aq)} + H_{2(g)} + 2\,H_2O_{(\ell)}$$

Le dihydrogène étant un gaz, cette réaction peut être suivie par la mesure du volume du gaz dégagé. L'avancement de la réaction peut ensuite être déterminé en utilisant la loi des gaz parfaits $p \cdot V(H_2) = x(H_2) \cdot R \cdot T$ et par suite $x(H_2) = \dfrac{p \cdot V(H_2)}{R \cdot T}$.

La détermination de l'avancement de la réaction est entachée d'une incertitude des mesures.

De quel type d'incertitude s'agit-il ?

☐ Type A ☐ Type B ☐ Composée

2 Calculer une incertitude

CORRIGÉ

Afin d'estimer la précision d'une burette graduée, un chimiste laisse tomber de celle-ci 200 gouttes. Le niveau de la burette baisse alors de 10,0 mL comme indiqué par les graduations. Il effectue l'opération dix fois. Il obtient les volumes en mL ci-contre.

10,00	10,00	10,30	9,50	10,20
9,60	10,00	9,70	10,20	10,10

1. Quelle est la moyenne des volumes mesurés $\bar{V}$?

$\bar{V}$ = ...

2. Concernant l'incertitude sur le calcul du volume, de quel type d'incertitude s'agit-il ?

☐ Incertitude de type A ☐ Incertitude de type B ☐ Incertitude composée

3. Déterminer l'écart-type σ_9 de ces 10 mesures.

....

....

σ_9 = ...

4. Relever dans le tableau p. 49 la valeur du facteur d'élargissement à 95 % pour ces mesures.

$k_{95\,\%}$ = ...

5. Quelle est la valeur de l'incertitude de répétabilité à 95 % sur le volume ?

$U(V)$ = ...

6. Exprimer le volume en tenant compte de l'incertitude des mesures.

V = ...

3 Calculer une incertitude de type B ou non statistique

CORRIGÉ

Au cours d'une activité expérimentale, un élève relève sur son oscillogramme un signal sinusoïdal correspondant à l'enregistrement ci-contre. Les sensibilités horizontales et verticales sont respectivement 2,0 ms/DIV et 0,5 V/DIV.

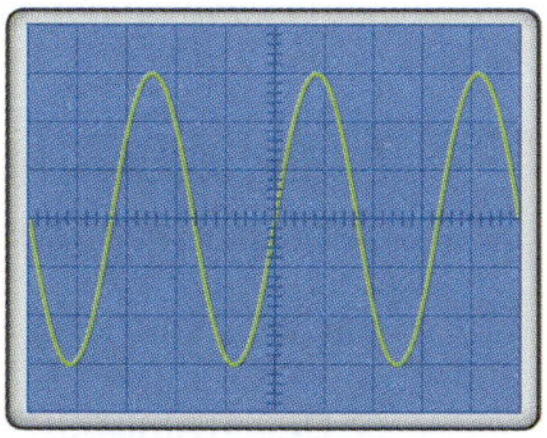

1. Quelle est la valeur de la tension maximale U_m de ce signal ?

U_m = ...

2. Concernant l'incertitude sur le calcul de la tension maximale, de quel type d'incertitude s'agit-il ?

☐ Incertitude de type A ☐ Incertitude de type B ☐ Incertitude composée

3. Déterminer la valeur de l'incertitude associée à la mesure de la tension maximale.

$U(U_{max})$ = ...

4. En déduire une écriture du résultat de la tension maximale U_{max} de ce signal.

....

4 Calculer une incertitude sur une concentration Tle

Lors d'un dosage acido-basique d'une solution d'acide sulfamique de volume $V_A = 15{,}0$ mL de concentration en quantité de matière $c = 3{,}6 \times 10^{-2}$ mol·L^{-1} par une solution d'hydroxyde de sodium de concentration en quantité de matière $c_B = 3{,}00 \times 10^{-2}$ mol·L^{-1}, l'équivalence a été obtenue pour un volume $V_E = 18{,}0$ mL.

Compléter les étapes permettant de calculer l'incertitude-type $U(c)$ sur la concentration en acide en utilisant la relation :

$$\frac{U(c)}{c} = \sqrt{\left(\frac{U(V_E)}{V_E}\right)^2 + \left(\frac{U(V_A)}{V_A}\right)^2 + \left(\frac{U(c_B)}{c_B}\right)^2}$$

Données : $U(V_E) = 0{,}16$ mL ; $U(V_A) = 0{,}10$ mL et $U(c_B) = 0{,}010$ mol·L^{-1}.

- Exprimer $U(c)$ en fonction des autres grandeurs :

$U(c) =$ ....

- Calculer $U(c)$:

$U(c) =$ ....

5 Calculer une incertitude composée

CORRIGÉ

Au cours d'une séance d'activité expérimentale, des élèves réalisent l'expérience d'interférences à l'aide du dispositif des fentes d'Young schématisé ci-contre. Les fentes sont distantes de $b = 150 \pm 5$ µm. La distance entre les fentes et l'écran est $D = 1{,}90 \pm 0{,}01$ m.

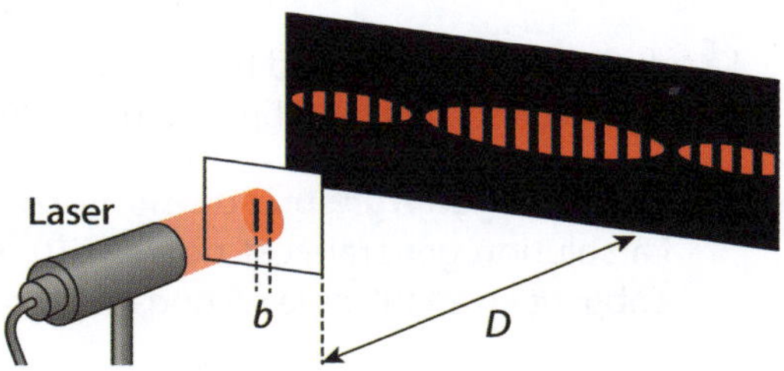

10 interfranges sont séparés de $d = 8{,}0 \pm 0{,}1$ cm. L'expression de l'interfrange est donnée par la relation $i = \frac{\lambda \cdot D}{b}$.

1. Donner la valeur de l'interfrange en tenant compte de l'incertitude de mesure.

....

2. Déterminer la valeur de la longueur d'onde du faisceau laser.

....

3. Concernant l'incertitude sur le calcul de la longueur d'onde, de quel type d'incertitude s'agit-il ?

☐ Incertitude de type A ☐ Incertitude de type B ☐ Incertitude composée

4. Déterminer l'incertitude $U(\lambda)$ sur la longueur d'onde du faisceau laser.

....

....

....

13 Résoudre une équation différentielle du 1er ordre à coefficients constants Tle

Je révise

Situation

Les interrupteurs à durée limitée utilisent des condensateurs. Un montage électrique, comportant un générateur de tension idéale *E*, une résistance *R* et un condensateur de capacité *C* montés en série, voit la charge électrique initialement nulle de ce condensateur varier dans le temps. La charge $q(t)$ du condensateur vérifie l'équation différentielle du 1er ordre : $\frac{dq(t)}{dt} + \frac{q(t)}{R \cdot C} = \frac{E}{R}$. L'équation contient $q(t)$ et sa dérivée : c'est une équation différentielle.

Comment déterminer la fonction $q(t)$ correspondant à la loi de variation de la charge électrique au cours du temps ?

Méthode générale

La solution d'une équation différentielle du 1er ordre est obtenue par addition de la solution générale sans second membre et d'une solution particulière.

1 Solution générale ou solution sans second membre

La solution générale est notée $q_g(t)$. Elle s'obtient en annulant le second membre :

$$\frac{dq_g}{dt} + \frac{q_g}{R \cdot C} = 0.$$

En posant $\tau = R \cdot C$, la fonction exponentielle $q_g(t) = A \cdot e^{-\frac{t}{\tau}}$ est solution de cette équation.

En effet, en remplaçant l'expression de $q_g(t)$ dans l'équation différentielle, celle-ci est vérifiée.

Lien avec les maths

Les solutions de l'équation différentielle $y' = ax + b$ sont les fonctions f définies sur $\mathbb{R}$ par $f(x) = k \cdot e^{-ax} + \alpha$ où k est une constante réelle et α l'unique solution particulière, un nombre réel.

Ici $y = q(t)$. On dérive par rapport au temps. L'équation $\frac{dq}{dt} = -\frac{1}{\tau} q + \frac{E}{R}$ a pour solution :

$$q(t) = A \cdot e^{-\frac{t}{\tau}} + C \cdot E.$$

2 Solution particulière ou cas particulier

La solution particulière est notée $q_p(t)$. C'est une fonction constante car la dérivée d'une fonction constante est nulle. Après annulation et simplification, il reste $q_p(t) = C \cdot E$.

3 Solution totale

- Elle s'obtient par addition : $q(t) = q_g(t) + q_p(t) = A \cdot e^{-\frac{t}{\tau}} + C \cdot E$.
- La constante A est déterminée en utilisant un cas particulier, **la condition initiale**. À $t = 0$, $q(0) = 0$ car le condensateur est déchargé. En remplaçant $t = 0$ et $q = 0$: $A = -C \cdot E$.

Conclusion

En rassemblant tous ces résultats et en factorisant, on obtient la fonction recherchée :

$$q(t) = C \cdot E \cdot \left(1 - e^{-\frac{t}{R \cdot C}}\right).$$

Exemple corrigé

Je comprends

Décharge d'un condensateur

Un montage électrique *RC* en série comporte un dipôle de résistance *R*, un condensateur de capacité *C* initialement chargé et un interrupteur ouvert. La charge initiale de ce condensateur a pour valeur $q_0 = C \cdot E$. L'interrupteur est fermé à la date $t = 0$ et le condensateur se décharge progressivement. La tension u_C à ses bornes vérifie l'équation différentielle :

$$\frac{du_C}{dt} + \frac{u_C}{R \cdot C} = 0.$$

La tension initiale aux bornes du condensateur vaut $u_C(0) = E$.

Déterminer la fonction $u_C(t)$ solution de cette équation.

➤ La solution de cette équation est : $u_C(t) = E \cdot e^{-\frac{t}{R \cdot C}}$

Explication

On suit les trois étapes de résolution :

1. Recherche d'une solution générale

La solution générale s'obtient en annulant le second membre. Il est déjà nul ici.
La fonction exponentielle $u_{Cg}(t) = A \cdot e^{-\frac{t}{R \cdot C}}$ est solution de cette équation.

2. Recherche d'une solution particulière

Après annulation du terme dérivé, on a : $\frac{u_{Cp}}{R \cdot C} = 0$ d'où $u_{Cp} = 0$.

3. Détermination de la solution totale

Par addition, on obtient : $u_C = u_{Cg} + u_{Cp} = A \cdot e^{-\frac{t}{R \cdot C}} + 0 = A \cdot e^{-\frac{t}{R \cdot C}}$

Détermination de la constante d'après la condition initiale : $u_C(0) = E = A \cdot e^{-\frac{0}{R \cdot C}} = A$ d'où $A = E$.

Conclusion : $u_C(t) = E \cdot e^{-\frac{t}{R \cdot C}}$

Exercices

Je me teste

1 Différencier des formules

CORRIGÉ

Cocher les équations différentielles du 1er ordre.

☐ $-\frac{di}{dt} = a \cdot i$ ☐ $\frac{d^2q}{dt^2} + 2\lambda \cdot \frac{dq}{dt} + \omega^2 \cdot x = 0$

☐ $a \cdot U^2 + U = c$ ☐ $\frac{dv}{dt} - a \cdot v = b$

2 Appliquer l'équation différentielle à une cinétique du premier ordre

CORRIGÉ

Lors de la décomposition thermique d'une eau oxygénée contenant du peroxyde d'hydrogène H_2O_2, la vitesse de disparition du peroxyde d'hydrogène s'exprime en fonction de sa concentration $[H_2O_2]$ par l'équation différentielle :

$$\frac{d[H_2O_2]}{dt} + k \cdot [H_2O_2] = 0.$$

À l'instant initial, $[H_2O_2](0)$ vaut $[H_2O_2]_0$. La relation $\ln\left(\frac{[H_2O_2]}{[H_2O_2]_0}\right) = k \cdot t$ est vérifiée.

Cocher la réponse correcte.

☐ Vrai ☐ Faux

3 Prévoir l'écriture d'une solution

CORRIGÉ

Un composant électrique couramment utilisé est une bobine constituée d'un fil conducteur enroulé sur lui-même et caractérisée par son inductance L. Pour un montage électrique comportant un générateur de tension E, un dipôle de résistance R et une bobine d'inductance L montés en série, l'intensité du courant électrique vérifie l'équation différentielle : $L \cdot \frac{\mathrm{d}i}{\mathrm{d}t} + R \cdot i = E$. La condition initiale est $i(0) = 0$.

Compléter les étapes suivantes.

- On part de l'équation sans second membre : ……
- On a une solution générale i_g de la forme : ……
- On cherche la solution particulière i_p : ……
- La solution totale obtenue est : $i(t) = i_g + i_p =$ ……
- A se détermine à partir de la condition initiale :

……

- Donc $i(t) =$ ……

4 Déterminer l'expression littérale

CORRIGÉ

L'évolution au cours du temps de la température T d'une tasse de thé placée à la température T_{air} constante est modélisée par la loi de Newton : $\frac{\mathrm{d}T}{\mathrm{d}t} = -k \cdot (T - T_{air})$ avec k non nul.

Déterminer la fonction $T(t)$ solution de cette équation avec pour $T(0) = T_0$.

……

5 Déterminer une loi

La datation au carbone 14 noté ^{14}C est basée sur le fait qu'après la mort d'un organisme, son nombre N de noyaux radioactifs de carbone 14 diminue au cours du temps selon l'équation $\frac{\mathrm{d}N(t)}{\mathrm{d}t} = -\lambda \cdot N(t)$ avec λ constante radioactive exprimée en s^{-1}. On note N_0 le nombre de noyaux initiaux radioactifs de l'organisme vivant.

Déterminer la loi de décroissance radioactive des noyaux de carbone ^{14}C.

……

6 Choisir la réponse correcte

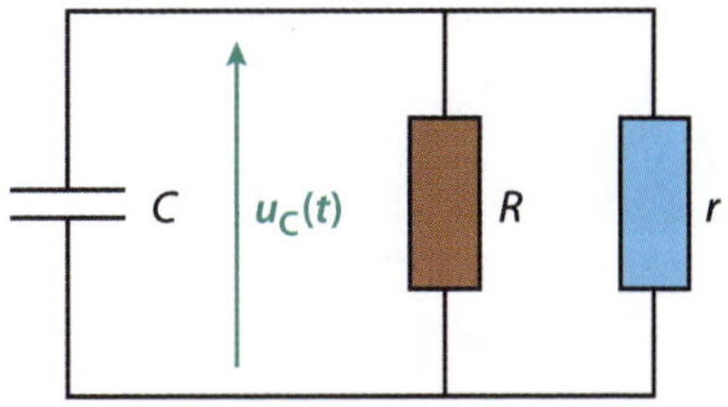

La tension $u_C(t)$ aux bornes d'un condensateur C est étudiée en fonction du temps, au cours de sa décharge, à travers deux résistances R et r branchées en dérivation.

Le condensateur étant initialement chargé, la tension initiale à ses bornes a pour valeur $u_C(0) = U_{C0}$.

L'équation différentielle du circuit schématisé est : $R \cdot C \cdot \frac{du_C}{dt} + u_C \cdot \left(1 + \frac{R}{r}\right) = 0$.

La solution de cette équation est de la forme $u_C(t) = U_{C0} \cdot e^{k \cdot t}$ avec k une valeur constante.

Cocher l'expression correcte de *k*.

- ☐ $k = \frac{R \cdot C}{R + r}$
- ☐ $k = \frac{r \cdot R \cdot C}{R + r}$
- ☐ $k = -\frac{r + R}{r \cdot R \cdot C}$
- ☐ $k = \frac{R + C}{R + r}$

7 Déterminer un coefficient

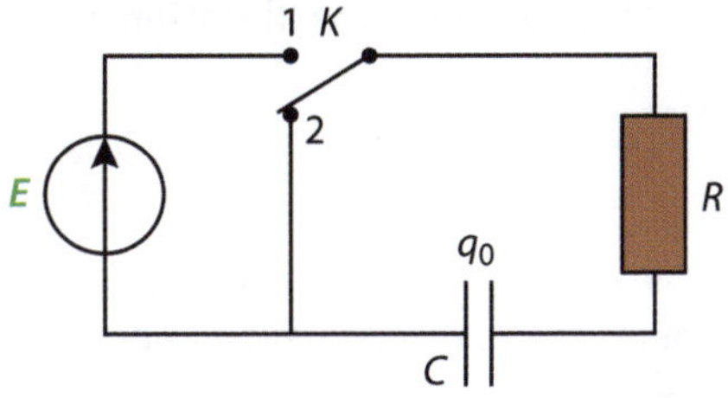

Un condensateur de capacité C a initialement une charge q_0 à une armature. Il est placé en série avec un dipôle ohmique de résistance R. L'évolution de la tension u_C entre ses bornes vérifie l'équation : $R \cdot C \cdot \frac{du_C}{dt} + u_C = 0$.

Déterminer l'expression de *k* en fonction de q_0 et de *C* pour que $u_C(t) = k \cdot e^{-\frac{t}{R \cdot C}}$ soit une solution de l'équation.

....

....

....

8 Utiliser un modèle

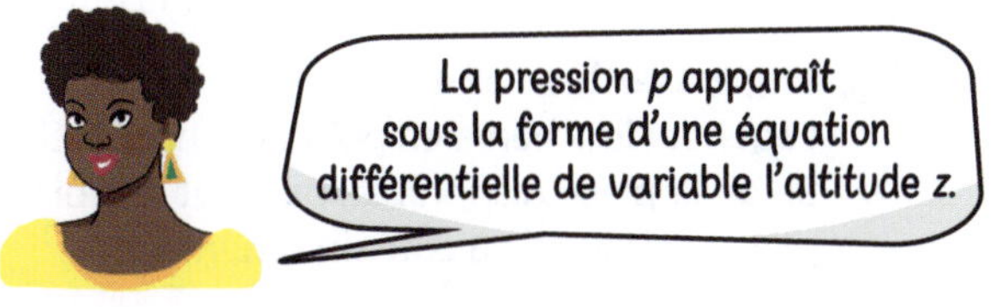

Pour l'air assimilé à un gaz parfait, l'équation différentielle de la variation de la pression atmosphérique p en fonction de l'altitude z s'écrit : $\frac{dp(z)}{dz} = -\rho \cdot g$

avec g intensité de la pesanteur, et ρ la masse volumique de l'air.

La pression au niveau du sol, $z = 0$, vaut $p(0) = p_0$.

La solution générale de cette équation est de la forme $p(z) = p_0 \cdot e^{-az}$.

En utilisant la loi des gaz parfaits dans l'équation différentielle, déterminer l'expression de *a* en fonction de R, *g*, *T* et de *M*, la masse molaire de l'air.

....

....

....

....

14 Savoir lire et réaliser un schéma expérimental

Je révise

Situation

La méthode classique pour préparer un café est d'utiliser une cafetière à filtre. Le procédé de chimie correspondant est une filtration simple.

Comment réaliser en chimie le schéma expérimental légendé d'une filtration ?

Méthode générale

Elle consiste à identifier tous les éléments à partir d'une photographie ou d'une expérience, et les remplacer par leur symbole dans la même disposition.

1 Analyser la photographie ou le montage expérimental
Faire la liste des objets et/ou matériel à schématiser.

2 Passer du réel au schéma

- Convertir les éléments du schéma en symbole en utilisant une bibliothèque de schémas.
- Placer les éléments en respectant la position des composants les uns par rapport aux autres par observation de la photographie ou de l'expérience.
- Rassembler et ajuster les éléments entre eux.

3 Légender le schéma réalisé
Légender le schéma en pointant chaque élément avec une flèche et le nom de l'élément. Selon la place disponible, on peut remplacer sur le schéma le nom par un numéro, et placer la légende à côté du schéma.

Conclusion

Schéma de la filtration du café ci-dessous :

Matériel :
① papier filtre
② résidu : poudre de café
③ entonnoir
④ erlenmeyer
⑤ filtrat buvable : café

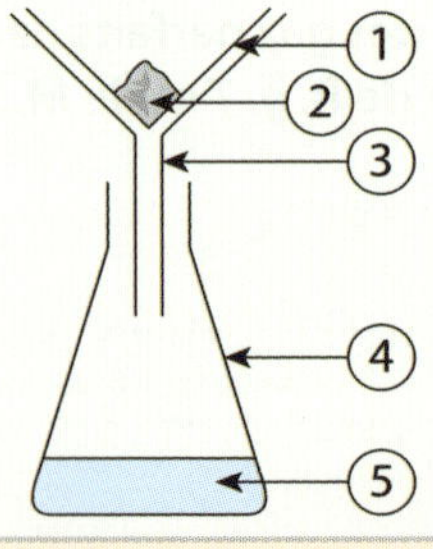

Banque des schémas techniques indispensables

1 Schématisation du matériel et de la verrerie en chimie

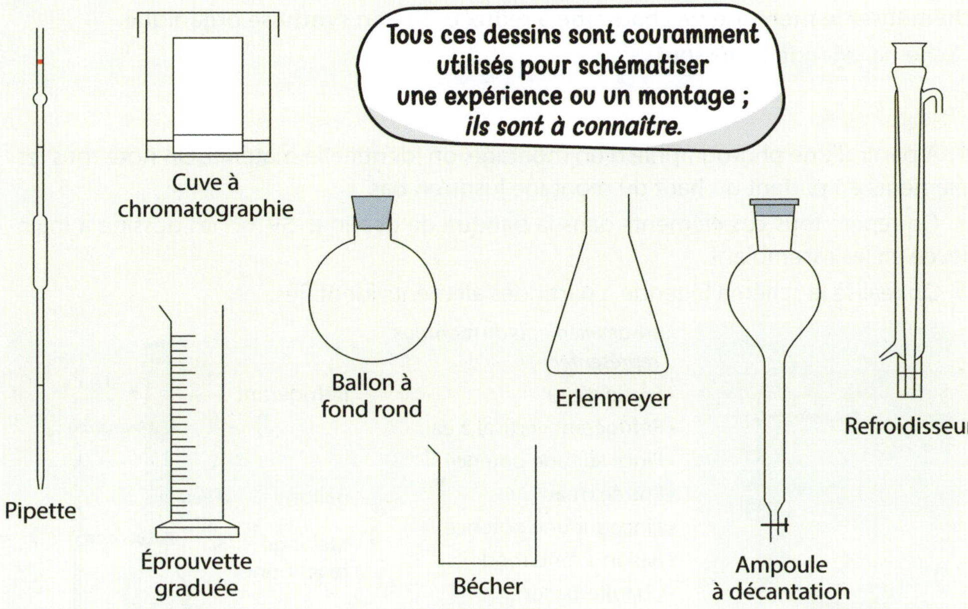

2 Schématisation du matériel électrique

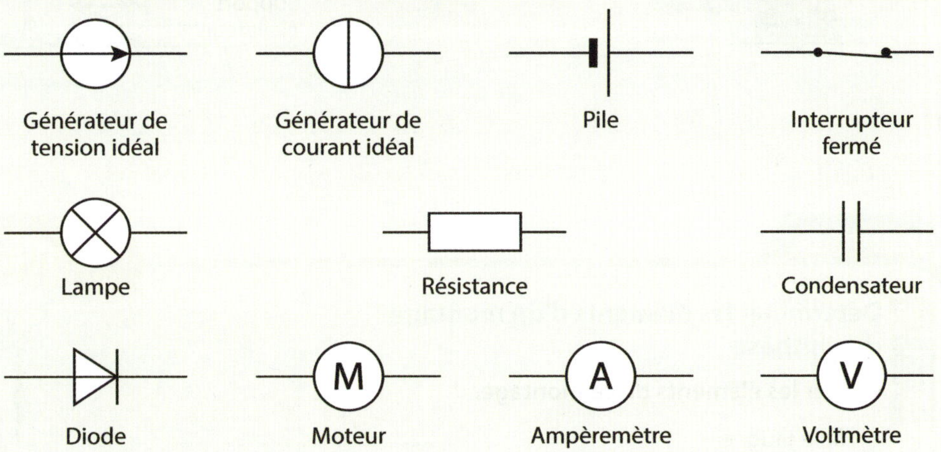

3 Schématisation du matériel d'optique

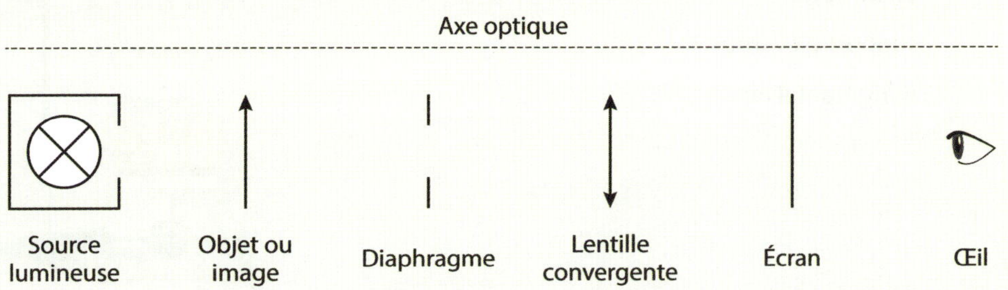

Exemple corrigé

Je comprends

Synthèse utilisant un montage à reflux

Schématiser le montage de chauffage à reflux utilisé en synthèse organique.

➤ Schéma légendé ci-dessous.

Explication

1. À partir d'une photographie d'un montage, on identifie le matériel. On note tous les éléments en partant du haut du montage jusqu'en bas.
2. On repère tous ces éléments dans la banque de dessin p. 59, on les dessine à main levée en les assemblant.
3. On réalise le schéma légendé à partir des éléments identifiés.

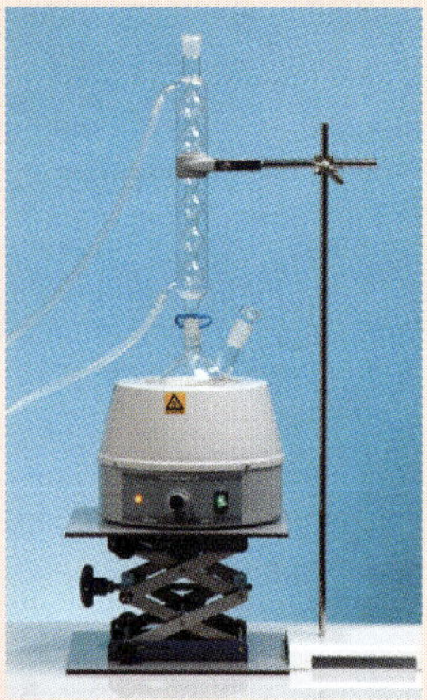

Liste des éléments du montage à représenter :

- Sortie d'eau
- Réfrigérant vertical à eau
- Pince sur une potence
- Entrée d'eau
- Pince sur une potence
- Ballon à fond rond
- Chauffe-ballon
- Support élévateur

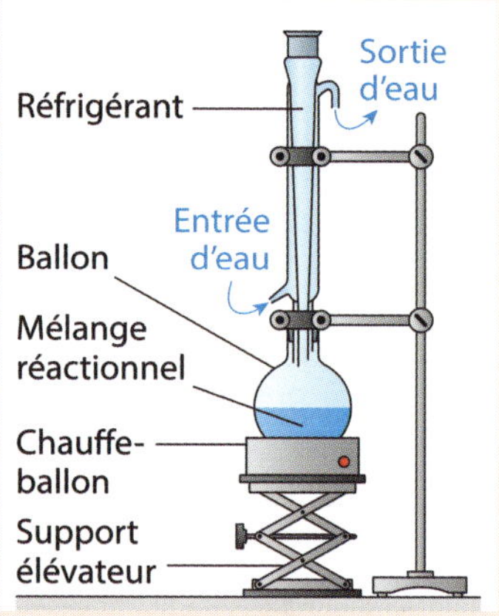

Exercices

Je me teste

1 Déterminer les éléments d'un montage de synthèse

CORRIGÉ

Cocher les éléments de ce montage.

- ☐ fiole jaugée
- ☐ réfrigérant à eau
- ☐ erlenmeyer
- ☐ support élévateur
- ☐ réfrigérant à air

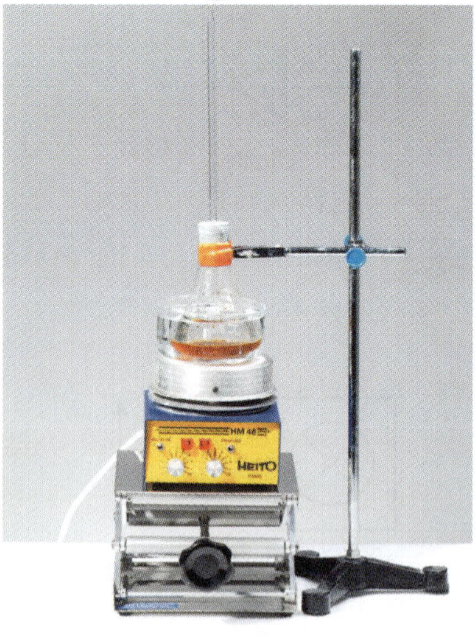

Exercices

Je me teste

2 Schématiser un montage

CORRIGÉ

Le schéma du montage de distillation ci-dessous est inachevé.

Compléter ce schéma et le légender.

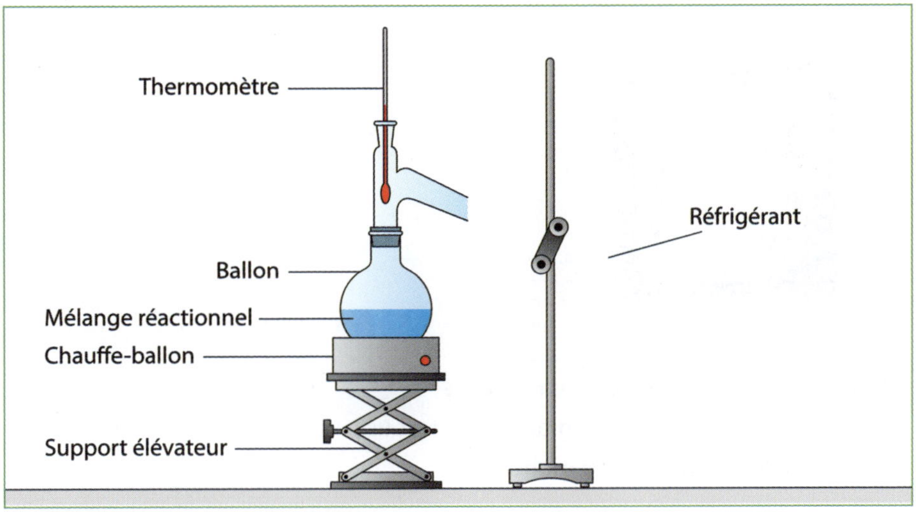

3 Déterminer des symboles

Chaque image représente du matériel. **Dessiner le symbole correspondant.**

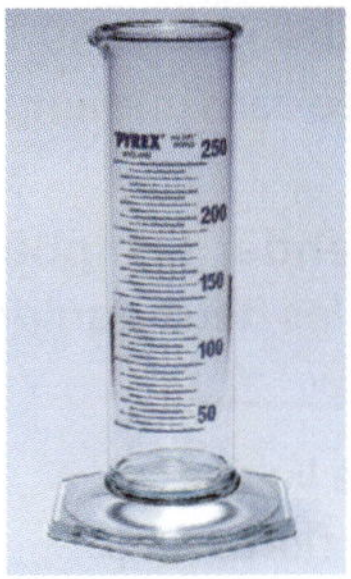

4 Tracer avec soin

CORRIGÉ

Cocher la réponse correcte.

- Un schéma électrique se trace à main levée. ☐ Vrai ☐ Faux
- Un schéma d'optique se trace à la règle. ☐ Vrai ☐ Faux
- Un schéma de chimie se trace à la règle. ☐ Vrai ☐ Faux

5 Schématiser une chromatographie sur couche mince ou CCM

CORRIGÉ

Schématiser et légender cette CCM.

6 Schématiser un montage d'optique

Le montage d'optique photographié ci-dessous permet d'obtenir une image réelle.

Schématiser et légender ce montage.

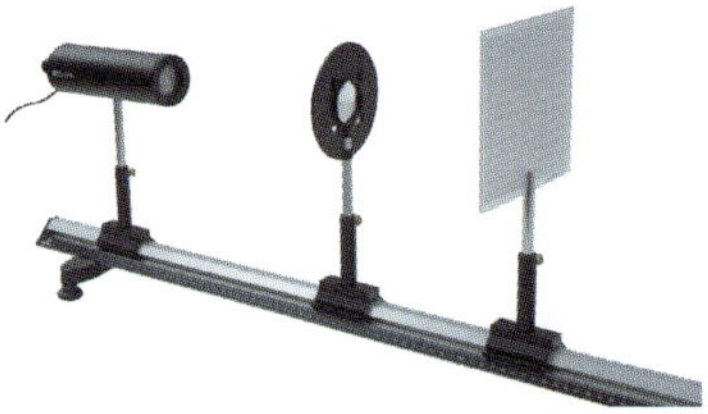

7 Représenter des positions de liquides Tle

À la suite de l'extraction de 20 mL d'une solution aqueuse par 5 mL d'un solvant organique de densité d = 1,59, une décantation est réalisée dans une ampoule à décanter.

Schématiser et légender l'ampoule à décanter contenant les deux liquides.

8 Prévoir un montage pour une synthèse Tle

Un composé organique peut être synthétisé selon trois voies de synthèse différentes nécessitant chacune un montage spécifique dépendant de la propriété de la réaction.

Synthèse	Réactifs	Propriété de la réaction
1	acide carboxylique + alcool	athermique
2	anhydride d'acide + alcool	légèrement exothermique
3	chlorure d'acyle + alcool	très fortement exothermique

Associer chaque synthèse à son montage.

Synthèse 1 → .... Synthèse 2 → .... Synthèse 3 → ....

9 Déterminer des composants Tle

Nommer tout le matériel nécessaire à la réalisation du montage schématisé.

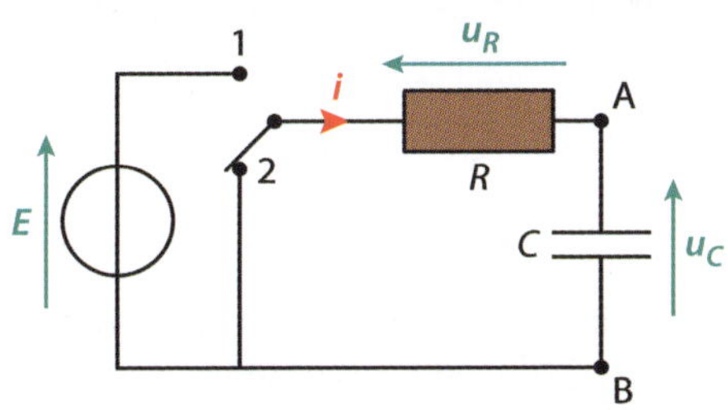

....

....

....

....

....

10 Déduire un schéma électrique de mesures Tle

Dans un montage électrique, les intensités parcourant différents dipôles ont été mesurées et relevées.

Dipôle	Intensité
Pile	300 mA
Lampe	120 mA
DEL	120 mA
Résistance	180 mA

Schématiser le montage électrique correspondant à ces mesures.

15 Construire et lire un graphique

Je révise

Situation

Un expérimentateur cherche à savoir quel volume d'eau est nécessaire pour dissoudre 42 g de sel. Il mesure les volumes d'eau nécessaires pour dissoudre des masses de sel connues et remplit le tableau de mesures suivant afin de construire le graphique correspondant à ces valeurs.

m (g)	15	30	45	60	75
V (mL)	50	100	150	200	250

Comment construire un graphique et l'utiliser afin de mesurer une grandeur inconnue sur ce graphique ?

Méthode générale

Elle consiste à placer les points et lire leur position en utilisant la proportionnalité.

1 Construire un graphique

- Placer les éléments essentiels de la construction : les axes orientés, le « 0 », les grandeurs en abscisse et ordonnée avec leurs unités, les graduations, des valeurs de ces graduations, les points sous la forme de +.
- Tracer la courbe « moyenne ».

2 Exploiter un graphique

Selon les cas, placer les points ou lire leur position en utilisant une mesure à la règle, puis la proportionnalité donnée par l'échelle du graphique.

Exemple

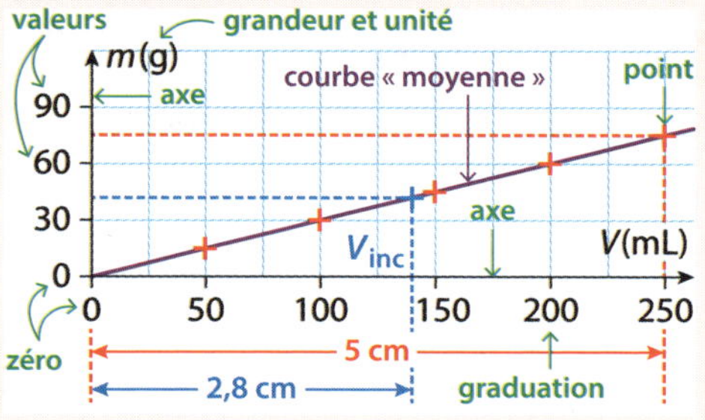

Pour lire un volume inconnu V_{inc} correspondant à un point du graphique, on utilise la proportionnalité :

$$V_{inc} = 2{,}8 \times \frac{250}{5{,}0} \approx \mathbf{140\ mL.}$$

Conclusion

La courbe obtenue à partir des mesures est représentée ci-contre.

Pour dissoudre une masse de sel de 42 g, il faut un volume d'eau de 140 mL.

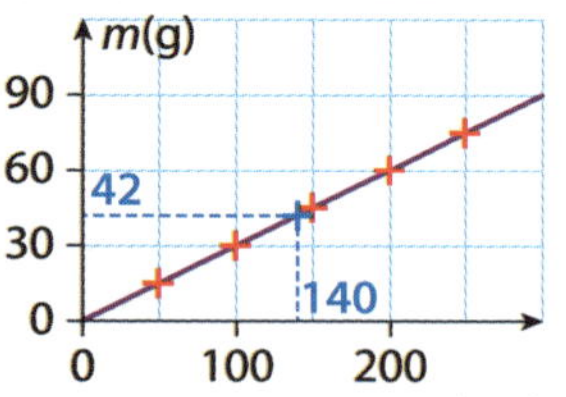

Exemple corrigé

Je comprends

Tracé d'une caractéristique *U–I* et lecture d'une intensité sur la courbe

Un relevé de mesures de tension et d'intensité aux bornes d'une résistance permet de tracer sa caractéristique tension-intensité ou *U-I* :

I (en mA)	4,6	9,1	14	18	23
U (en V)	1,0	2,0	3,0	4,0	5,0

1. Tracer la caractéristique tension-intensité.

➤ On obtient la représentation graphique suivante.

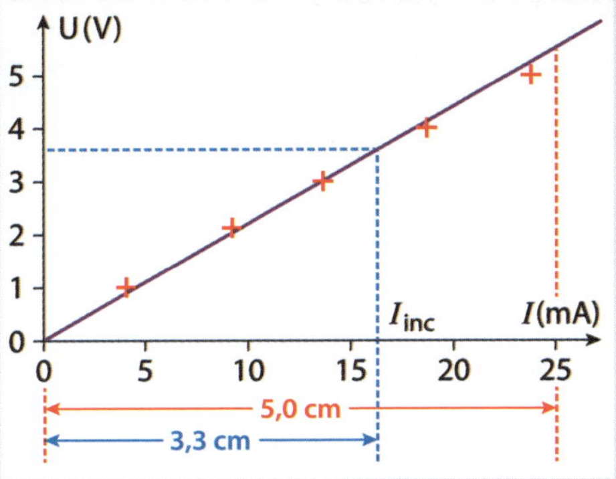

Explications

- D'après la loi d'Ohm $U = R \cdot I$, la tension est proportionnelle à l'intensité, on trace *U* en fonction de *I*. Le coefficient de proportionnalité ou coefficient directeur de la droite attendue donne la valeur de la résistance *R*. *U* est donc placée en ordonnée et *I* en abscisse.
- On choisit l'échelle de façon à avoir la courbe la plus grande possible. La graduation la plus importante doit permettre de faire rentrer le point de plus grande mesure.

2. Lire l'intensité inconnue I_{inc} sur la courbe.

On en déduit l'intensité inconnue :

$I_{inc} = 3{,}3 \times \frac{25}{5{,}0} = 16$ mA.

Explication

I_{inc} est déterminée par proportionnalité en faisant des mesures à la règle :

Règle	Intensité
5,0 cm ↔	25 mA
3,3 cm ↔	I_{inc}

Exercices

Je me teste

1 Trouver les essentiels

CORRIGÉ

Indiquer pour ce graphique d'étude de la masse volumique les éléments essentiels manquants.

☐ les unités ☐ les axes ☐ les grandeurs ☐ le 0

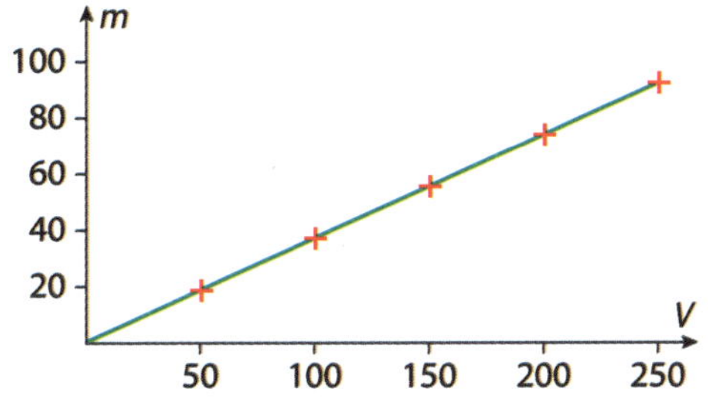

Exercices

2 Tracer une courbe

CORRIGÉ

Lors d'une expérience de mesure de distance parcourue par un objet au cours du temps, un élève relève les points ci-contre.

Tracer la courbe correspondante.

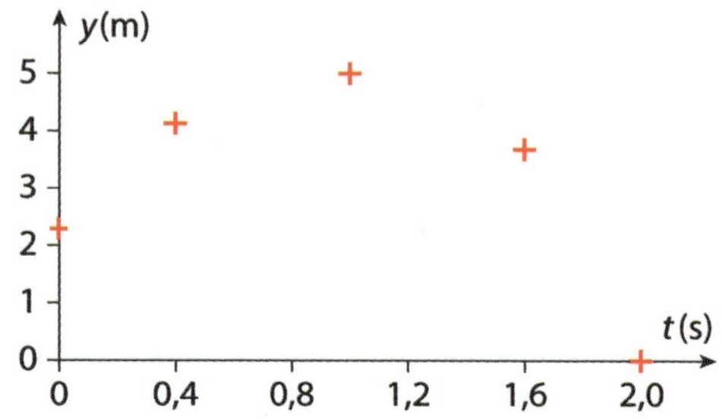

3 Rajouter des graduations

CORRIGÉ

Rajouter les graduations manquantes à la courbe ci-dessous.

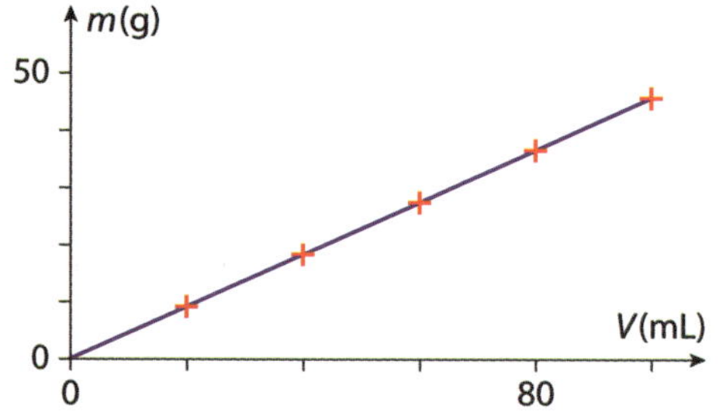

4 Réaliser l'opération attendue

CORRIGÉ

Sur la courbe représentant une droite passant par l'origine, les graduations sur l'axe des abscisses donnent une valeur de 5,0 cm pour 200 mL.

Quelle opération doit être réalisée pour déterminer un volume correspondant à 2,8 cm ?

☐ $5{,}0 \times \frac{2{,}8}{200}$ ☐ $200 \times \frac{5{,}0}{2{,}8}$ ☐ $200 \times \frac{2{,}8}{5{,}0}$

5 Lire une valeur

CORRIGÉ

La position d'un mobile au cours du temps permet d'obtenir la courbe ci-dessous.
Déterminer la position du mobile à la date 2,3 s. Indiquer votre raisonnement.

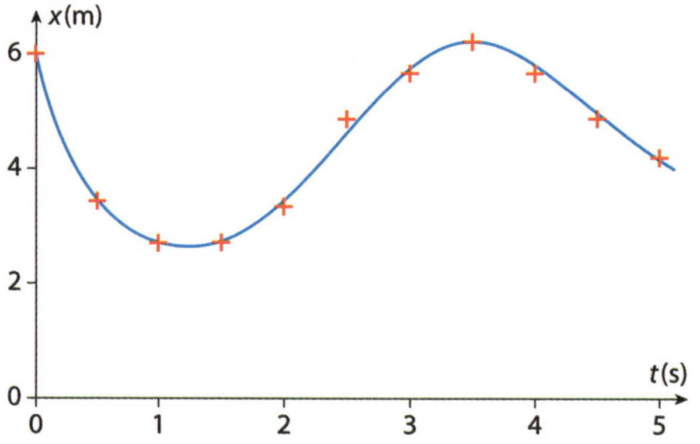

....

....

....

6 Placer des points

1. Déterminer l'échelle en abscisse du graphique ci-dessous, déterminer l'échelle en ordonnée :

- 5,0 min correspondent à ....cm
- 5,0 mmol correspondent à ....cm

2. Calculer les coordonnées en cm des points A(1,6 ; 3,4) et B(3,8 ; 1,9) et les placer sur la courbe.

t_A : ....

t_B : ....

n_A : ....

n_B : ....

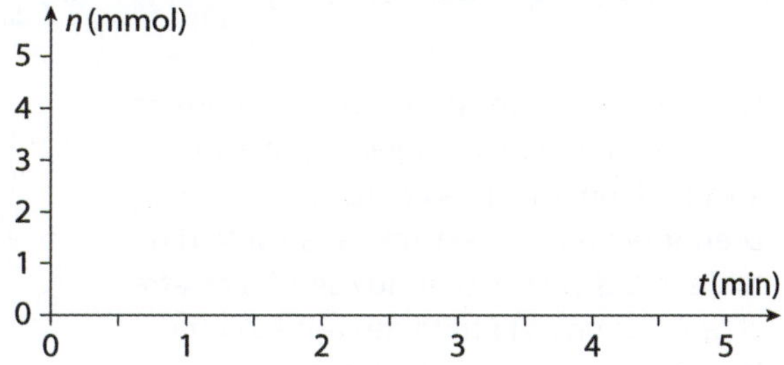

7 Tracer et lire une courbe Tle

Un vin blanc présente parfois un caractère acide. Cette acidité peut être titrée lors d'un titrage pH-métrique. Un responsable de qualité réalise ce titrage et obtient la série de mesures suivantes pour un volume V_B de base ajoutée exprimée en mL :

V_B (mL)	0	1,0	2,0	3,0	4,0	5,0	6,0	7,0	8,0	9,0	10,0
pH	3,4	3,5	3,5	3,6	3,8	3,9	4,1	4,2	4,3	4,4	4,5
V_B (mL)	11,0	12,0	13,0	14,0	15,0	15,4	15,6	16,0	17,0	18,0	19,0
pH	4,7	4,9	5,2	5,6	6,3	6,8	7,3	8,3	9,8	10,5	11,0

1. Représenter le graphique correspondant à ces mesures.

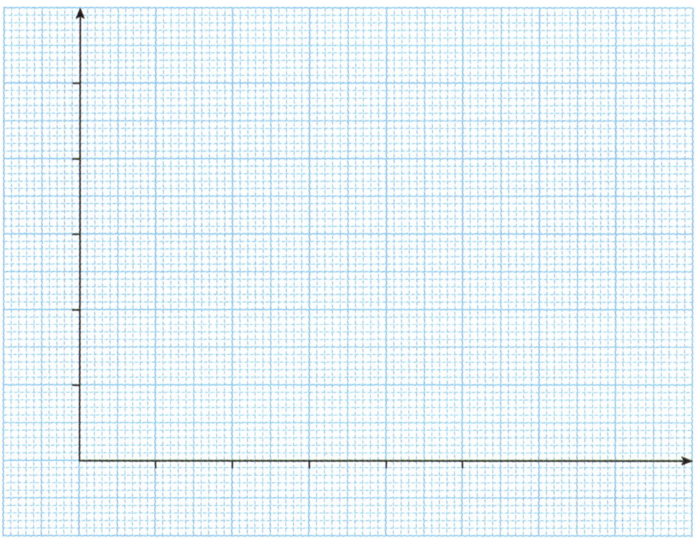

2. Lire le volume équivalent le plus précisément possible.

Volume équivalent : V_E = ... mL

16 Construire et interpréter une courbe de tendance obtenue au tableur

Je révise

Situation

La tension aux bornes d'une pile est mesurée en même temps que l'intensité qu'elle débite en fonctionnement. La courbe représentant U en fonction de I est tracée à l'aide d'un tableur. Les points obtenus semblent être alignés les uns à la suite des autres comme le montre l'enregistrement ci-contre.

	A	B	C	D	E	F	G
1	*I* (en mA)	0	0,01	0,03	0,05	0,07	0,09
2	*U* (enV)	4,5	4,49	4,49	4,48	4,46	4,46

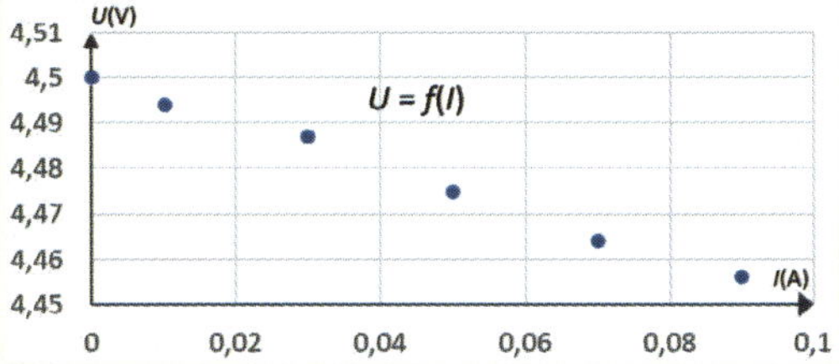

Quelle est la courbe de tendance correspondant aux points de mesure et comment valider le modèle obtenu ?

Méthode générale

Elle consiste à faire afficher la courbe mathématique de tendance la plus proche des points de mesure, son équation, et le coefficient de détermination R^2. Dans le cas d'une modélisation linéaire, plus ce dernier est proche de 1, plus les points de mesure sont alignés sur la droite moyenne.

- Insérer la courbe de tendance en utilisant les modèles proposés par le tableur. Le modèle proposé doit avoir la forme la plus proche de l'alignement moyen des points.
- Dans les options du tableur, afficher l'équation et le coefficient de détermination.
- Conclure sur la validité du modèle.

Exemple

On clique droit sur un point et on selectionne Format de la courbe de tendance.

On sélectionne ici la courbe de tendance linéaire.

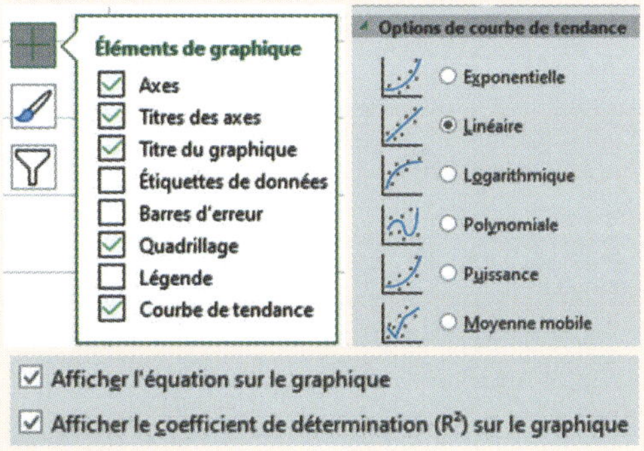

Conclusion

La courbe de tendance a pour équation $y = 4{,}5 - 0{,}5x$ soit $U = 4{,}5 - 0{,}5I$ avec un coefficient de détermination $R^2 = 0{,}9955$.
Le modèle est très satisfaisant.

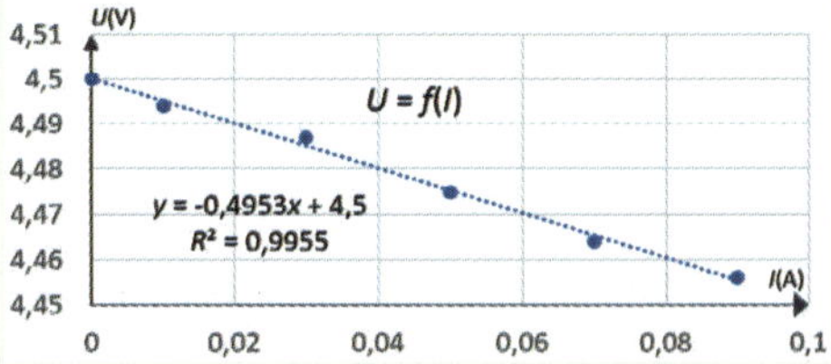

Exemple corrigé

Je comprends

Déterminer si un modèle est correct

Des élèves ont voulu appliquer la loi d'Ohm $U = R \cdot I$ à un dipôle non résistif.
Ils ont représenté la caractéristique $U = f(I)$, la courbe de tendance, l'équation et le coefficient de détermination R^2. Les mesures sont reportées sur le graphique ci-après.

Déterminer si le modèle est satisfaisant.

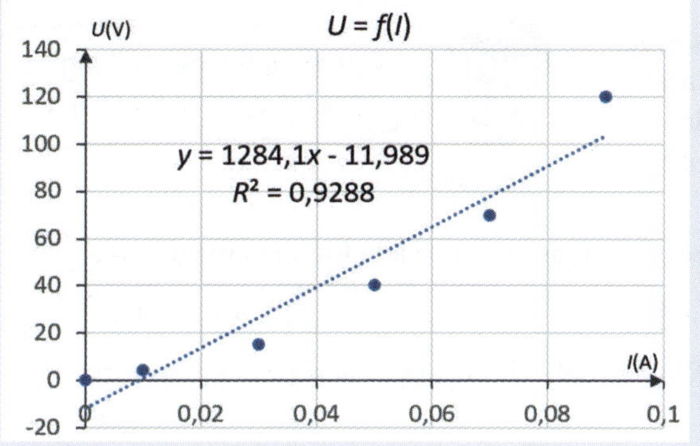

Explication

La courbe expérimentale est éloignée de la courbe de tendance et R^2 est assez différent de 1. Le modèle n'est que relativement satisfaisant. Un autre type de modèle doit donc être testé.

Exercices

Je me teste

1 Interpréter un résultat

CORRIGÉ

Cocher la réponse correcte.

Lors d'un tracé d'une courbe de tendance, le coefficient de détermination R^2 est égal à 0,8. Le modèle choisi est très satisfaisant. **Est-ce vrai ou faux ?**

☐ Vrai ☐ Faux

2 Choisir un modèle

CORRIGÉ

Le tracé de la caractéristique d'un conducteur ohmique permet l'étude de la loi d'Ohm :

$$U = R \cdot I.$$

Cocher le type de modèle à utiliser préférentiellement dans le cas d'un conducteur ohmique.

☐ exponentielle ☐ polynomiale ☐ linéaire

3 Interpréter une courbe de tendance

CORRIGÉ

La modélisation de la tension aux bornes d'un électrolyseur a pour modèle général $U = E' + r' \cdot I$. Lors de l'étude de la tension aux bornes d'un électrolyseur, le tracé de la courbe de tendance a permis d'afficher l'équation suivante :

$$y = 9{,}9 + 1{,}5\,x.$$

Cocher l'équation physique correcte.

☐ $U = 1{,}5 + 9{,}9\,I$ ☐ $I = 9{,}9\,U + 1{,}5$ ☐ $U = 9{,}9 + 1{,}5\,I$

4 Trouver le modèle et le coefficient de détermination R^2

CORRIGÉ

Les mesures des tensions aux bornes d'un dipôle et d'intensité du courant le traversant ont été reportées dans le tableau suivant.

I (en A)	0	0,010	0,030	0,050	0,070	0,090
U (en V)	0	4,8	14	24	33	42

Représenter au tableur la caractéristique $U = f(I)$, insérer la courbe de tendance, l'équation du modèle et le coefficient de détermination R^2, puis répondre aux questions suivantes.

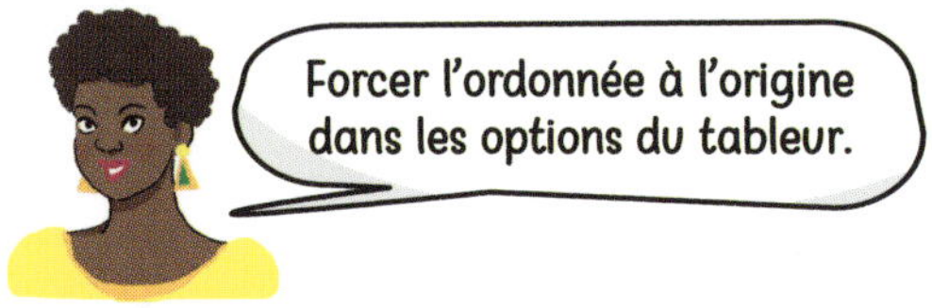

a. **Cocher l'équation physique correcte correspondant à la loi ainsi modélisée.**

☐ $y = 4{,}7 \times 10^2 x$ ☐ $I = 4{,}7 \times 10^2\ U$ ☐ $U = 4{,}7 \times 10^2\ I$

b. Le coefficient de détermination R^2 vaut 0,9997. **Encadrer la réponse correcte.**

☐ Vrai ☐ Faux

5 Mesurer une absorbance

La représentation graphique de l'absorbance *A* en fonction de la concentration molaire, exprimée en $\text{mmol} \cdot \text{L}^{-1}$, pour une solution aqueuse de sulfate de cuivre suffisamment diluée a permis d'obtenir une modélisation satisfaisante.

L'équation de la courbe de tendance donne $y = 30{,}3\ x + 4 \times 10^{-16}$.

La loi de Beer-Lambert a pour expression $A = \varepsilon \cdot \ell \cdot c$.

Compléter les phrases suivantes.

D'après la loi de Beer-Lambert, *y* correspond à ...., *x* correspond à .... La valeur 30,3 a pour unité des .... Enfin, la loi de Beer-Lambert a pour expression *A* = ...

6 Écrire le résultat d'un calcul

L'énergie cinétique d'un véhicule en mouvement a été représentée en fonction de sa vitesse ainsi que la courbe de tendance.

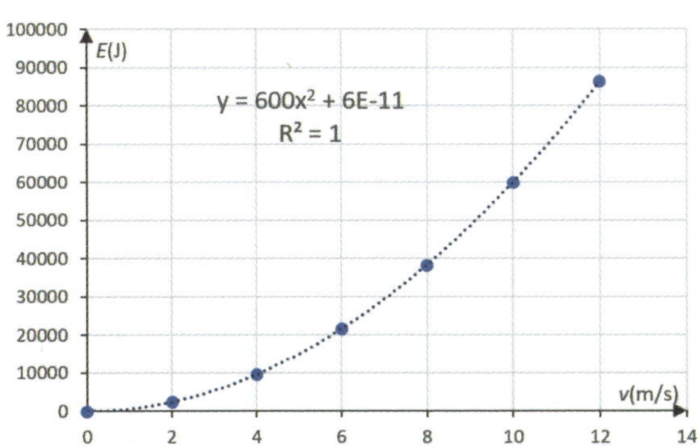

Cocher la valeur correcte de la masse du véhicule.

☐ 1 200 kg ☐ 600 kg ☐ 6×10^{-11} kg

7 Trouver l'équation de la décharge d'un condensateur Tle

L'étude de la tension aux bornes d'un condensateur au cours de sa décharge à travers une résistance a donné les résultats suivants :

t (en s)	0	0,50	1,0	1,5	2,0	2,5	3,0	3,5
U (en V)	4,5	1,6	0,60	0,22	0,079	0,029	0,010	0,0038

La résistance a pour valeur $R = 33\ \text{k}\Omega$, la capacité du condensateur $C = 15\ \mu\text{F}$.

La tension aux bornes du condensateur a pour modèle $u(t) = \text{e}^{-\frac{t}{\tau}}$.

Tracer au tableur la courbe de tendance et afficher l'équation numérique modélisée, puis répondre aux questions suivantes :

a. L'équation du modèle s'écrit $u(t) = 4{,}5\ \text{e}^{-2{,}0t}$. **Cocher la réponse correcte.**

☐ Vrai ☐ Faux

b. Le coefficient de détermination vaut $R^2 = 0{,}9997$. **Cocher la réponse correcte.**

☐ Vrai ☐ Faux

8 Déterminer une équation de trajectoire Tle

Le mouvement d'une balle de golf a été filmé. Sa position a été pointée en utilisant un logiciel approprié.

x (en m)	0	0,100	0,200	0,300	0,400	0,500	0,600	0,700	0,800	0,900	1,00
y (en m)	0,123	0,245	0,354	0,450	0,532	0,601	0,657	0,699	0,728	0,744	0,746

1. **Représenter au tableur la courbe de tendance, afficher son équation et le coefficient de détermination R^2, puis répondre aux questions suivantes :**

a. La courbe a la forme d'une parabole. **Cocher la réponse correcte.**

☐ Vrai ☐ Faux

b. **Écrire l'équation mathématique de la trajectoire affichée.**

....

2. Le modèle théorique du mouvement de la balle est donné par l'équation :

$$y(x) = -\frac{g}{2\,v_0^2 \cdot \cos^2 \alpha} \cdot x^2 + \tan \alpha \cdot x + y_0$$

v_0 est la valeur de la vitesse initiale de la balle, g l'intensité de pesanteur égale à $9{,}81\ \text{m} \cdot \text{s}^{-2}$, α l'angle entre le vecteur vitesse initial et l'axe des abscisses, et y_0 l'altitude initiale de la balle.

Relier les valeurs aux grandeurs correspondantes.

Grandeur	Valeur
	• 1,29 m
y_0 •	• 0,123 m
	• 0,667 m

Grandeur	Valeur
	• 50,2°
α •	• 51,2°
	• 52,2°

Grandeur	Valeur
	• $7{,}50\ \text{m} \cdot \text{s}^{-1}$
v_0 •	• $12{,}0\ \text{m} \cdot \text{s}^{-1}$
	• $4{,}50\ \text{m} \cdot \text{s}^{-1}$

17 Lire sur une courbe réalisée à l'oscilloscope ou à l'ordinateur

Je révise

Situation

L'enregistrement du son émis par un diapason a été réalisé à l'ordinateur avec un logiciel d'acquisition. Cet enregistrement permet par exemple de mesurer la fréquence du son émis.

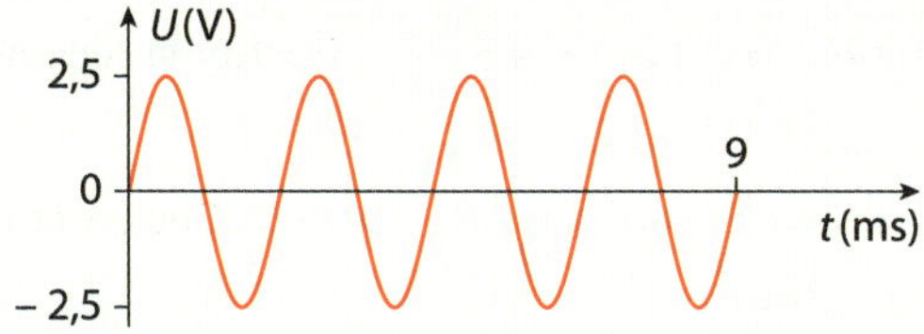

Comment lire et interpréter un enregistrement réalisé à l'ordinateur ou à l'oscilloscope ?

Méthode générale

Elle consiste à utiliser les grandeurs figurant sur les axes et leurs échelles de représentations.

1 Enregistrement réalisé avec un oscilloscope

- Déterminer les grandeurs présentes sur les axes. Elles correspondent aux sensibilités horizontales et verticales de l'oscilloscope.
- Relever les unités données par les sensibilités.
- Utiliser la proportionnalité pour déterminer la valeur des grandeurs mesurables sur les axes. Fiche 15

2 Enregistrement réalisé avec un ordinateur

- Déterminer les unités fournies automatiquement par le logiciel.
- Utiliser les outils de mesure automatique fournis par le logiciel d'acquisition.

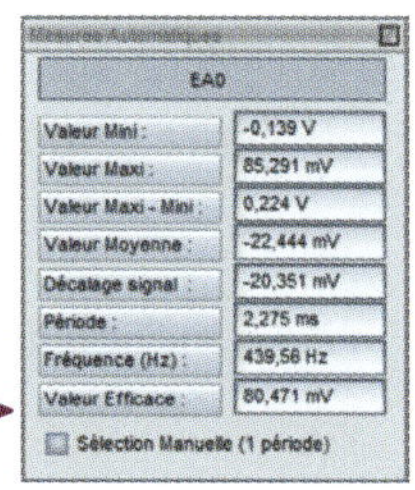

- Si nécessaire, utiliser l'outil de modélisation afin de déterminer la courbe mathématique, puis son équation, la plus proche de la courbe expérimentale.

Le modèle déterminé peut ensuite être utilisé pour déterminer une grandeur connaissant l'autre.

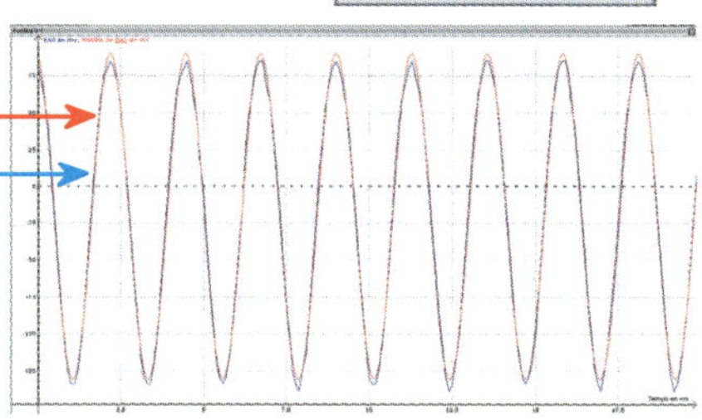

Conclusion

Le logiciel permet de mesurer pour le son du diapason une fréquence $f = 440$ Hz.

Exemples corrigés

Je comprends

1 Caractéristiques d'un signal

L'oscillogramme suivant a été obtenu par enregistrement d'un son reçu par un microphone. En abscisse, figure le temps, et en ordonnée la tension.

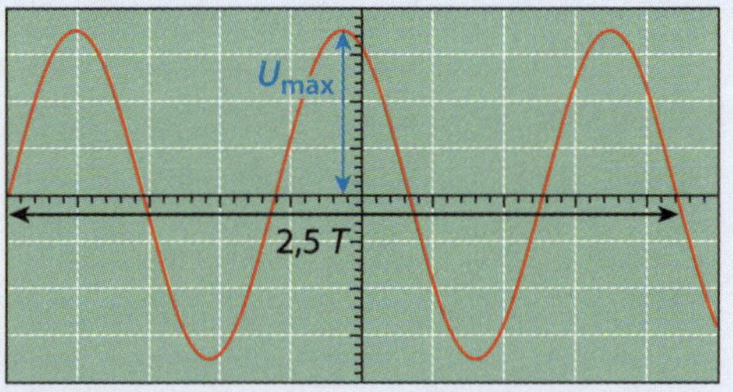

Sensibilités :
– verticale : 2 V/div
– horizontale : 1 ms/div

Déterminer la période et la tension maximale enregistrés.

➤ Les mesures de période et d'amplitude donnent **$T = 3{,}8$ ms** et **$U_{max} = 7{,}0$ V**.

Explication

- Sur l'axe horizontal, est mesuré le temps en millisecondes. 2,5 périodes occupent à l'écran 9,4 divisions. La période est déterminée par proportionnalité :
$T = \dfrac{9{,}4 \times 1}{2{,}5} = 3{,}8$ ms.
- Sur l'axe vertical, est mesuré la tension électrique en volt. La tension maximale est l'intervalle de tension entre le milieu et le sommet de la courbe, soit 3,5 divisions. La période est déterminée par proportionnalité :
$U_{max} = 3{,}5 \times 2 = 7{,}0$ V.

2 Modélisation de la décharge d'un condensateur Tle

La tension aux bornes d'un condensateur servant dans un défibrillateur cardiaque a été acquise à l'ordinateur. La modélisation de cette courbe par l'outil de modélisation permet de retrouver expérimentalement la durée de sa décharge.

Quelle est cette durée ?

➤ Le modèle utilisé a pour équation : $u_C(t) = E \cdot e^{-\frac{t}{\tau}}$.

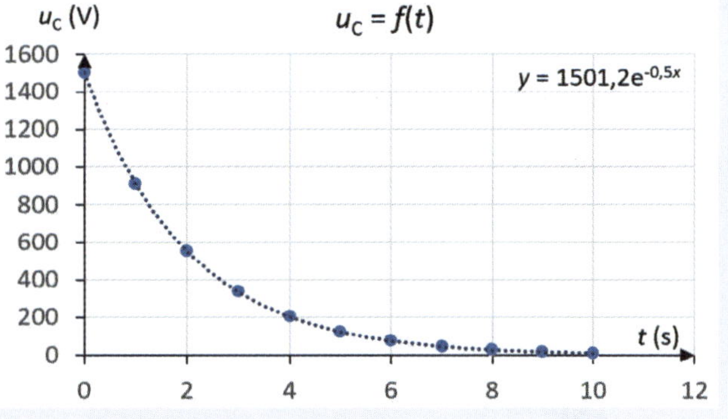

L'affichage de l'équation de la courbe de tendance permet d'écrire :

$$u_C(t) = 1\,501 \times e^{-0{,}5 \times t}.$$

On en déduit une durée de décharge d'environ **10 s**.

Explication

Par comparaison entre le modèle théorique et le modèle expérimental, $\tau = \dfrac{1}{0{,}5} = 2$ s.
Le temps de décharge est d'environ $5\tau = 5 \times 2 = 10$ s.

1 Décrire une courbe

CORRIGÉ

Les oscillations d'un système mécanique oscillant horizontal ont été enregistrées à l'ordinateur :

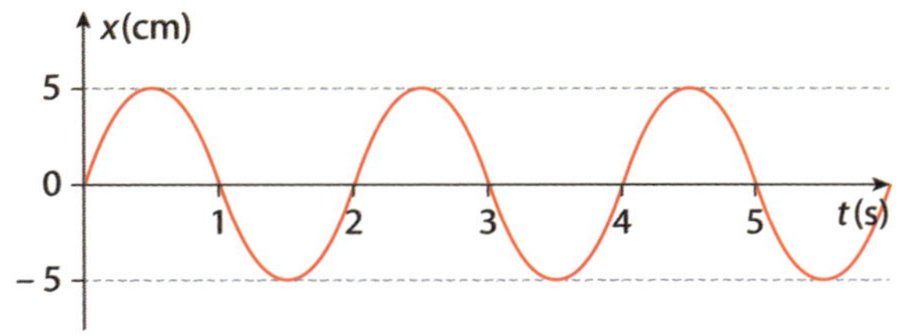

1. L'amplitude est de 5,0 cm.

Est-ce vrai ou faux ?

☐ Vrai ☐ Faux

2. La période vaut 3,0 s.

Cocher la réponse correcte.

☐ Vrai ☐ Faux

2 Lire sur une courbe

CORRIGÉ

Voici la caractéristique tension-intensité aux bornes d'un conducteur ohmique.

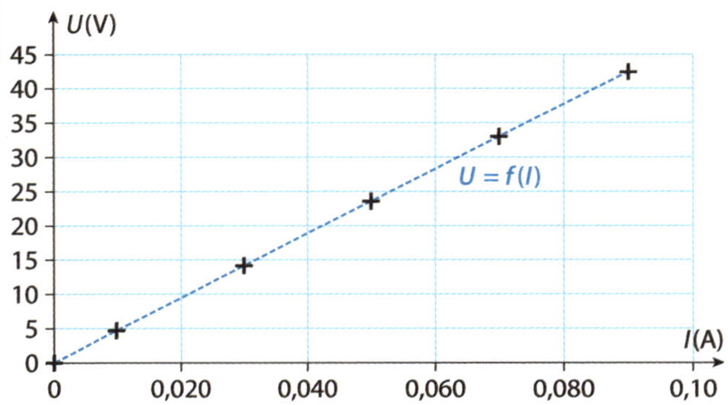

1. Déterminer la valeur de la tension pour I = 0,020 A.

U = ... V

2. Cocher la valeur de l'intensité pour laquelle la tension vaut U = 30 V.

☐ 0,064 A ☐ 0,070 A ☐ 0,062 A

3 Maîtriser le vocabulaire

L'enregistrement de la tension appliquée à deux conducteurs ohmiques sont représentées en fonction du temps.

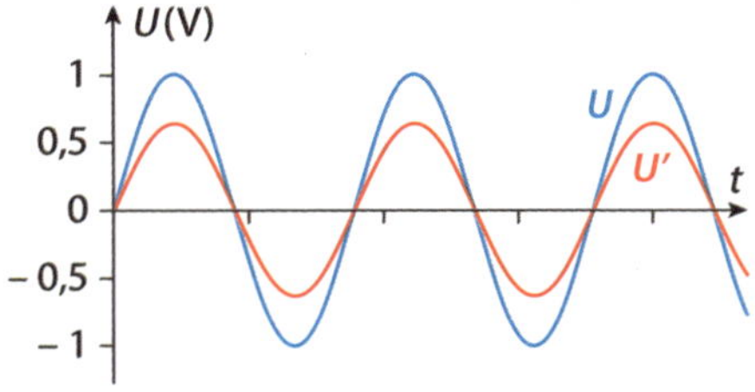

Compléter la phrase suivante.

La tension U possède une .... plus grande que la tension U', leurs .... sont les mêmes.

4 Déterminer une fréquence

CORRIGÉ

À partir de l'enregistrement du son d'une clarinette, relier la valeur de la fréquence émise à la note correspondante.

La sensibilité horizontale est réglée sur 50 µs·div^{-1}.

Note	Fréquence
Fréquence du son émis par la clarinette ●	● La 3 520 Hz
	● Sol dièse 3 322 Hz
	● Sol 3 136 Hz

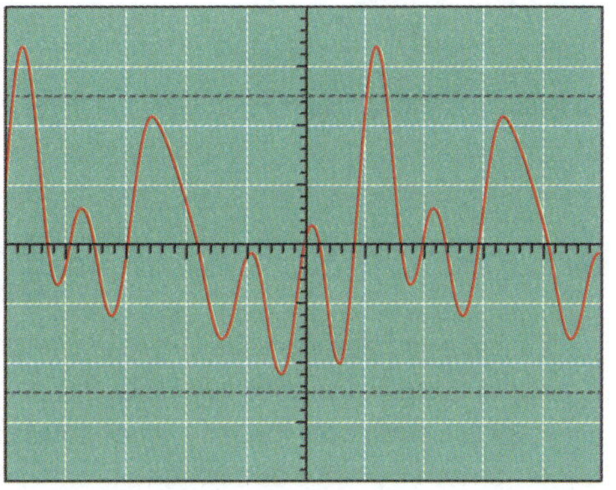

5 Déterminer la période

CORRIGÉ

L'oscillogramme ci-contre correspond à l'enregistrement du son d'un instrument de musique.

Reconnaître la valeur correcte de la période de ce signal.

- ☐ 0,002 s
- ☐ 0,01 s
- ☐ 0,002 25 s

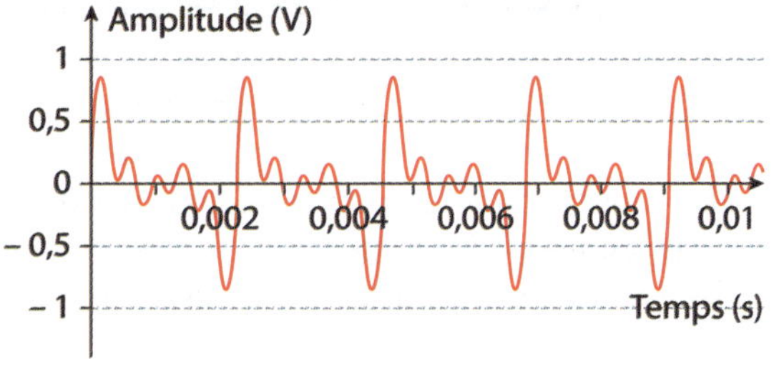

6 Reconnaitre l'équation du modèle Tle

Cocher la réponse correcte.

La tension aux bornes d'un condensateur pendant sa décharge est représentée ci-contre.
Cette décharge a pour équation :

$$u(t) = 4{,}0 \times e^{-\frac{t}{5{,}0 \times 10^{-3}}}.$$

☐ Vrai ☐ Faux

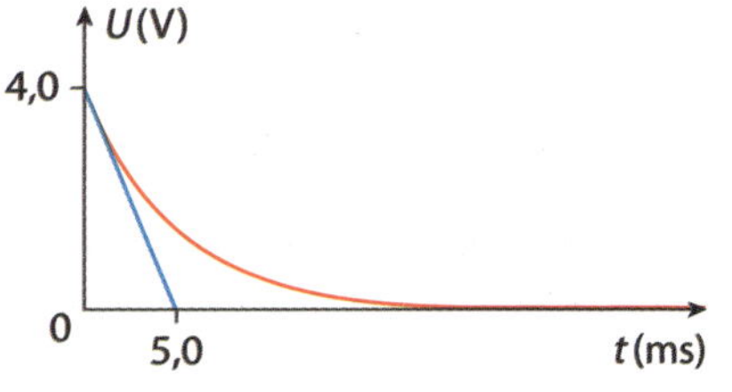

7 Trouver l'équation Tle

La houle a été modélisée par la courbe ci-dessous. L'équation du modèle est de la forme $y(x) = A \cdot \cos\left(\frac{2\pi}{\lambda} \cdot x\right)$. A représente l'amplitude de l'onde, λ la longueur d'onde.

D'après la courbe, déterminer les valeurs de A et λ.

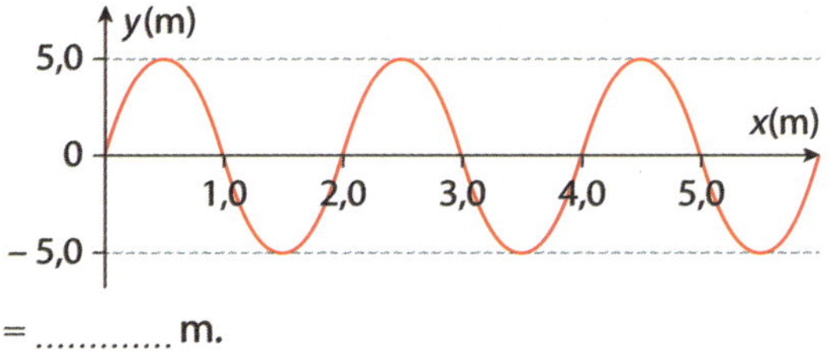

$A =$ .... m et $\lambda =$ .... m.

18 Savoir représenter un vecteur

Je révise

Situation

La force gravitationnelle exercée par la Terre sur la Lune $F_{T/L}$ a pour intensité $2{,}0 \times 10^{20}$ N. Représenter cette force $\vec{F}_{T/L}$ par son vecteur force en tenant compte de l'échelle :
1,0 cm ↔ $1{,}0 \times 10^{20}$ N.

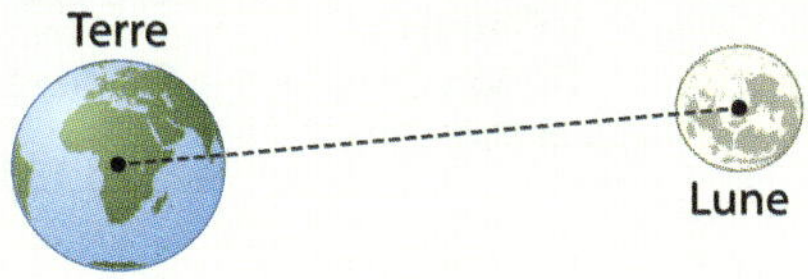

Comment représenter un vecteur comme le vecteur force ?

Méthode générale

Elle consiste à représenter le vecteur par une flèche ou un segment fléché dont les caractéristiques vont décrire le point d'application, la direction, le sens et la valeur de la force.

① Placer la règle suivant la direction de la force et tracer au crayon cette direction.

② Placer l'origine de la flèche au point d'application de la force. C'est le point où agit l'action dans le cas d'une action ponctuelle et le centre des actions dans le cas d'une action répartie.

③ Déterminer la longueur de la flèche, soit la norme du vecteur, en utilisant une échelle choisie ou celle fournie.

④ Dessiner et orienter la flèche dans le sens de la force.

⑤ Indiquer sur le vecteur le nom du vecteur.

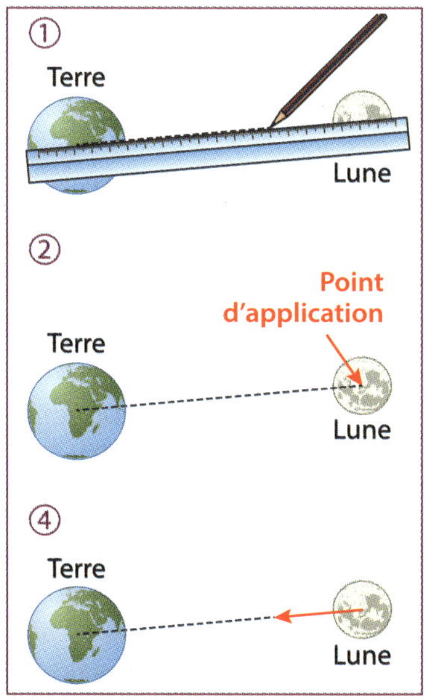

Conclusion

Avec l'échelle choisie, le vecteur force mesure 2,0 cm et se représente ainsi :

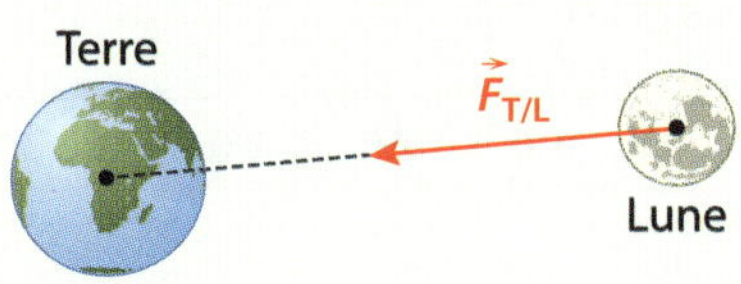

Exemple corrigé

Je comprends

Représenter un vecteur force

La force de Coulomb exercée par un corps A portant la charge électrique q_A sur un corps B portant la charge électrique q_B telle que $q_B = -q_A$, et distants de *d*, s'écrit :

$$\vec{F}_{A/B} = k \cdot \frac{q_A \cdot q_B}{d^2} \cdot \vec{u}_{AB}.$$

Représenter le vecteur $\vec{F}_{A/B}$ sur le schéma suivant en prenant une longueur de 2,0 cm.

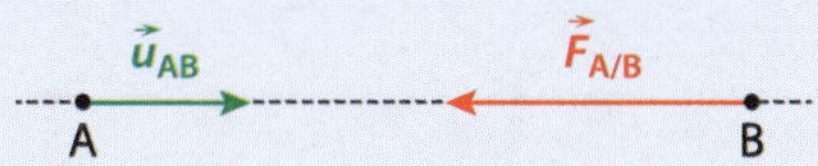

Explication

- Les charges étant opposées, la force est attractive, d'où le nom $\vec{F}_{A/B}$.
- Le vecteur a pour origine le corps B.
- Le vecteur a pour direction l'axe A-B.
- Le vecteur a un sens. Il est orienté vers A. Il est opposé au vecteur unitaire $\vec{u}_{AB}$.
- Le vecteur a pour longueur 2,0 cm.

Exercices

Je me teste

1 Compléter le texte

Un livre est posé sur une table. Le poids du livre est la force exercée par la Terre présentant les caractéristiques suivantes :
- Point d'application : centre de gravité
- Direction : verticale
- Sens : vers le centre de la Terre
- Intensité : 1,5 N

Échelle : 1,0 cm ↔ 0,50 N.

Compléter le texte suivant.

Pour représenter le vecteur poids, il faut tracer une flèche partant du .... du livre, de direction la .... et orientée vers le .... La longueur de la flèche est de .... cm.

2 Décrire un vecteur vitesse

CORRIGÉ

Un véhicule, assimilé à son centre de gravité, est en mouvement rectiligne sur une route horizontale.

Compléter les caractéristiques du vecteur vitesse.

- Origine : ....
- Direction : ....
- Sens : ....
- Norme : ....

Exercices

3 Représenter un vecteur

CORRIGÉ

Ci-dessous est reproduit l'enregistrement obtenu par pointages successifs d'un mouvement rectiligne.

Représenter les vecteurs vitesse aux points 2, 3 et 4 sans souci d'échelle, en respectant les longueurs des vecteurs les uns par rapport aux autres.

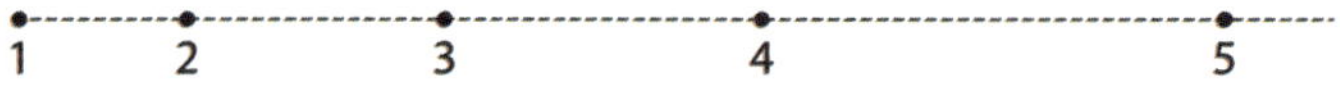

4 Décrire un vecteur

CORRIGÉ

La force attractive exercée par le Soleil sur la Terre a pour intensité $3{,}5 \times 10^{22}$ N. Elle peut être représentée par son vecteur force $\vec{F}_{S/T}$. L'échelle choisie est 1,0 cm ↔ $1{,}0 \times 10^{22}$ N.

1. Compléter le tableau de correspondance des caractéristiques du vecteur force.

Caractéristiques	Représentation de la force
Point d'application	....
Direction	....
Sens	....
Longueur	....

2. Représenter le vecteur force sur le schéma.

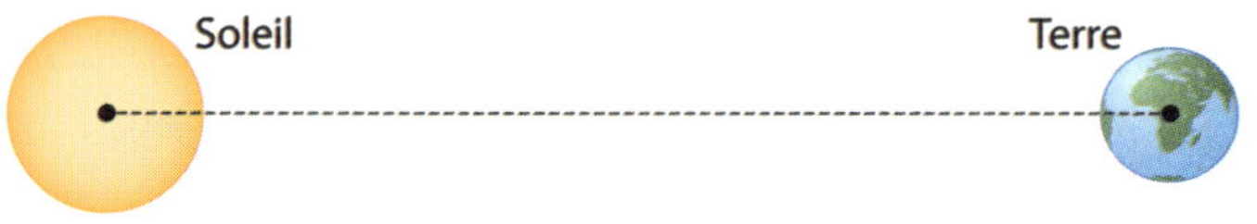

5 Représenter un vecteur force

Un électron placé entre les armatures d'un condensateur plan, où règne un champ électrique $\vec{E}$, subit une force électrique $\vec{F} = q \cdot \vec{E}$.

Représenter le vecteur force sans souci d'échelle.

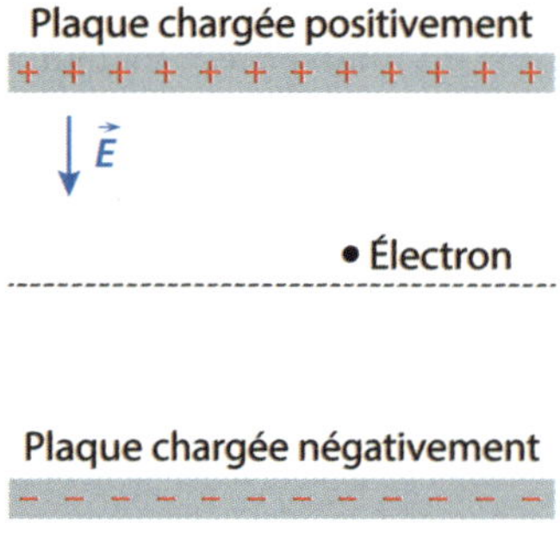

6 Représenter un vecteur vitesse

Pour chaque pointage, représenter le (ou les) vecteur(s) vitesse indiqué(s).

Donnée : l'échelle est 1,0 cm ↔ 1,0 $m \cdot s^{-1}$.

Vitesses (en $m \cdot s^{-1}$)	Représentations
$v_2 = 2,0$	
$v_1 = 0,5$; $v_3 = 1,5$	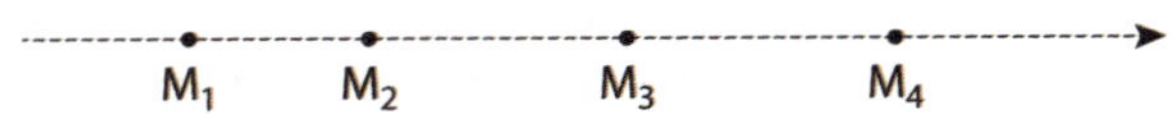
$v_2 = 1,8$	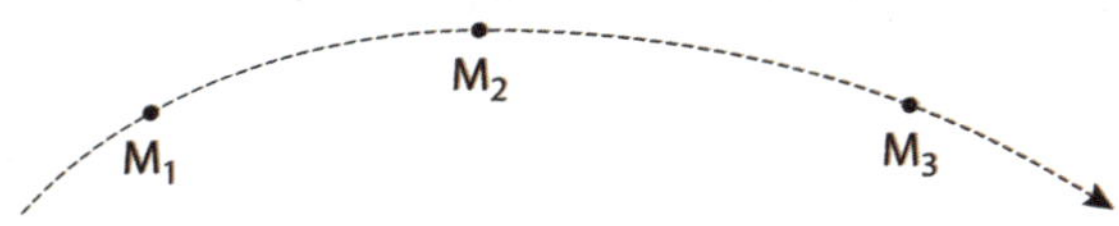

7 Décrire des vecteurs vitesse

CORRIGÉ

Cocher la (ou les) caractéristique(s) identique(s) des vecteurs vitesse $\vec{v}_1$ et $\vec{v}_2$.

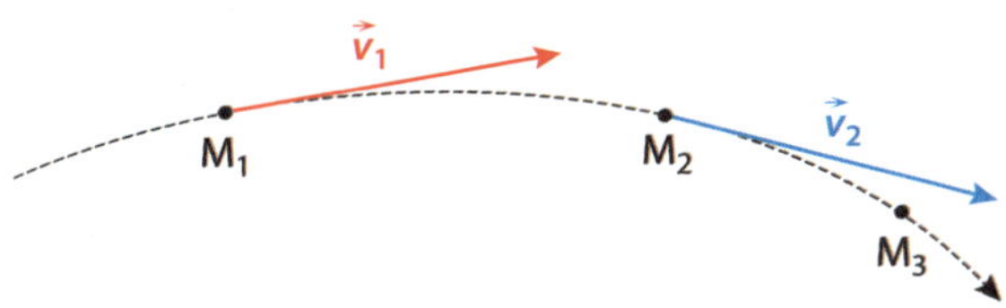

Les caractéristiques des vecteurs $\vec{v}_1$ et $\vec{v}_2$ identiques sont :

☐ Origine ☐ Direction ☐ Sens ☐ Norme

8 Représenter un vecteur accélération Tle

Considérons deux enregistrements obtenus par pointage d'un mouvement rectiligne.

Représenter l'allure des vecteurs accélération au point M_2 dans les situations suivantes.

a. 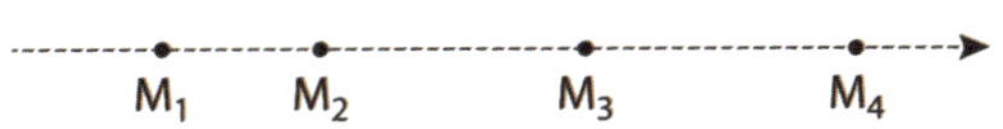

b. 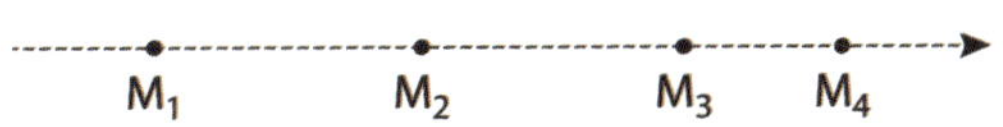

19 Calculer la norme d'un vecteur

Je révise

Situation

La chronophotographie d'un mobile assimilé à un point en mouvement rectiligne est représentée ci-après. L'intervalle de temps entre deux positions successives du mobile est $\Delta t = 0,40$ s. On souhaite déterminer la norme du vecteur vitesse au point M_2.

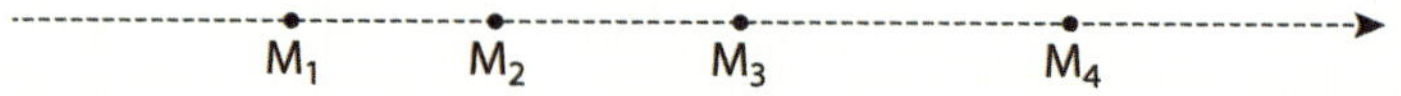

Échelle : 1,0 cm ↔ 2,0 m

Comment calculer la norme d'un vecteur ?

Méthode générale

Plusieurs méthodes sont possibles. Elles consistent à utiliser les mesures de distances entre les points et l'échelle de l'enregistrement, ou les coordonnées des vecteurs lorsqu'ils sont connus, ou encore la définition.

1 À partir d'un enregistrement

- Mesurer à la règle les distances sur l'enregistrement, puis utiliser l'échelle pour déterminer la distance réelle.
- Calculer la norme du vecteur en utilisant la définition.
- Si le vecteur est représenté, calculer la norme du vecteur en utilisant l'échelle de représentation et la proportionnalité.

Exemple

- On mesure $M_2M_3 = 1,6$ cm.

D'après l'échelle, $M_2M_3 = 3,2$ m.

- On calcule la norme du vecteur vitesse :

$$v_2 = \frac{M_2M_3}{\Delta t} = \frac{3,2}{0,40} = 80\ \text{m} \cdot \text{s}^{-1}$$

- Un vecteur mesure 3,0 cm.

L'échelle indique : 1,0 cm ↔ 5,0 N.

Le vecteur a alors pour norme : $\frac{3,0 \times 5,0}{1,0} = 15$ N.

2 À partir des coordonnées

- Relever les coordonnées du vecteur recherché.
- Utiliser le théorème de Pythagore afin de déterminer la norme du vecteur.

Une grandeur vectorielle $\vec{G}\begin{pmatrix} G_x \\ G_y \end{pmatrix}$ a pour norme : $\|\vec{G}\| = G = \sqrt{G_x^2 + G_y^2}$.

Exemple

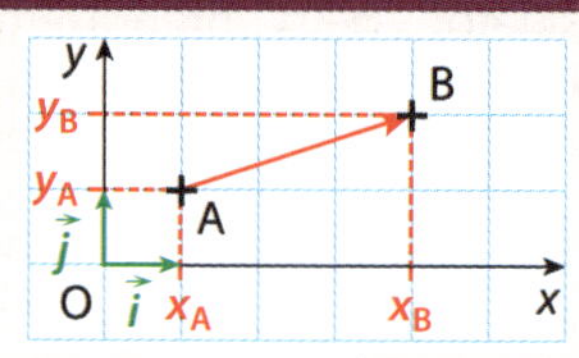

$$\|\overrightarrow{AB}\| = \sqrt{(x_B - x_A)^2 + (y_B - y_A)^2}$$

Conclusion

Ici, par mesure des distances et utilisation de l'échelle $v_2 = 8,0\ \text{m} \cdot \text{s}^{-1}$.

Exemples corrigés

Je comprends

1 Calculer une vitesse

La chronophotographie d'un mobile, assimilé à un point, en mouvement rectiligne est représentée ci-après. L'échelle utilisée pour représenter le vecteur vitesse $\vec{v}_3$ est : 1,0 cm ↔ 0,50 $m \cdot s^{-1}$.

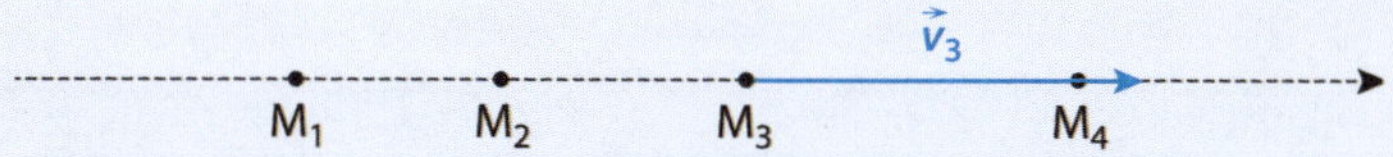

Calculer la valeur de la vitesse du mobile au point M_3.

➤ La vitesse vaut **1,3 $m \cdot s^{-1}$**.

Explication

- On mesure la longueur du vecteur. Il a pour longueur 2,5 cm.
- On utilise l'échelle donnée pour calculer la valeur de la vitesse :

$$v_3 = \frac{2{,}5 \times 0{,}50}{1{,}0} = 1{,}3\ m \cdot s^{-1}.$$

2 Calculer une norme

Dans un repère cartésien $(O\,;\vec{i}, \vec{j})$, l'accélération d'un mobile s'écrit $\vec{a}_3 = 2{,}0\,\vec{i} + 3{,}6\,\vec{j}$.

➤ La norme du vecteur accélération vaut **4,1 $m \cdot s^{-2}$**.

Explication

- On applique le théorème de Pythagore : $a = \sqrt{a_x^2 + a_y^2}$.
- On remplace a_x par 2,0 et a_y par 3,6.
- On calcule $a = \sqrt{2{,}0^2 + 3{,}6^2} = 4{,}1\ m \cdot s^{-2}$.

Exercices

Je me teste

1 Calculer la norme du vecteur vitesse

CORRIGÉ

La norme du vecteur vitesse en un point M_2 est donnée par la relation :

$$v_2 = \frac{M_2M_3}{\Delta t}.$$

Relier les distances aux vitesses pour Δt = 200 ms.

Distance	Résultat (en $m \cdot s^{-1}$)
M_2M_3 = 12,0 m ●	● $1{,}75 \times 10^4$
M_2M_3 = 5,20 cm ●	● $6{,}00 \times 10^1$
M_2M_3 = 3,50 km ●	● $2{,}60 \times 10^{-1}$

Exercices

2 Calculer la norme d'une force

CORRIGÉ

Le vecteur poids d'une balle de tennis est représenté sur le schéma ci-contre.

Calculer la norme de ce vecteur.

Donnée : l'échelle est 1,0 cm ↔ 2,0 N.

....

3 Calculer la norme d'une force

CORRIGÉ

L'expression de la force gravitationnelle entre deux corps de masses m_A et m_B distants de d s'écrit $\vec{F}_{A/B} = -G \cdot \frac{m_A \cdot m_B}{d^2} \cdot \vec{u}_{AB}$.

La norme du vecteur est donc $F_{A/B} = -G \cdot \frac{m_A \cdot m_B}{d^2}$: vrai ou faux ?

Cocher la réponse correcte. ☐ Vrai ☐ Faux

4 Calculer la norme du vecteur variation de vitesse

Cocher la réponse correspondant à la valeur de la norme du vecteur $\overrightarrow{\Delta v}$.

Donnée : $v_1 = 2,5 \text{ m} \cdot \text{s}^{-1}$.

☐ $1,0 \text{ m} \cdot \text{s}^{-1}$ ☐ $2,5 \text{ m} \cdot \text{s}^{-1}$ ☐ 1,0 cm

5 Calculer la norme d'un vecteur force

CORRIGÉ

Considérons une charge électrique q_A en un point A de l'espace, source d'un champ électrique $\vec{E}$ tel qu'une charge q_B en un point B, à une distance d de la source, subie une force électrique $\vec{F}_e = q_B \cdot \vec{E}$.

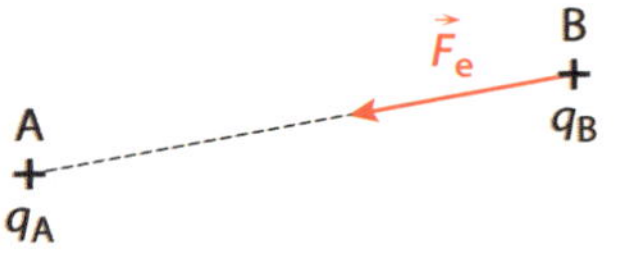

Le schéma n'est pas à l'échelle.

Cocher la valeur correcte de la norme du vecteur force électrostatique dans le cas où $q_B = -1,60 \times 10^{-19}$ C et $E = 1,0 \times 10^4 \text{ V} \cdot \text{m}^{-1}$.

☐ $1,6 \times 10^{-15}$ N ☐ $-1,6 \times 10^{-15}$ N ☐ $1,6 \times 10^{-23}$ N

6 Appliquer la 2e loi de Newton Tle

Un noyau se déplace dans un champ électrostatique avec une accélération de coordonnées $\vec{a} \begin{pmatrix} 1,6 \times 10^8 \\ 2,5 \times 10^7 \\ 2,2 \times 10^8 \end{pmatrix}$.

Pour un noyau de masse $3,34 \times 10^{-27}$ kg, en appliquant la 2e loi de Newton, calculer la norme de la résultante $\vec{F}$ des forces qu'il subit.

....

7 Calculer la norme du vecteur vitesse Tle

Dans un repère cartésien $(O;\vec{i},\vec{j})$, l'expression du vecteur vitesse peut s'écrire $\vec{v} = v_x \cdot \vec{i} + v_y \cdot \vec{j}$. La norme du vecteur vitesse en $m \cdot s^{-1}$ vaut alors $v = \sqrt{v_x^2 + v_y^2}$.

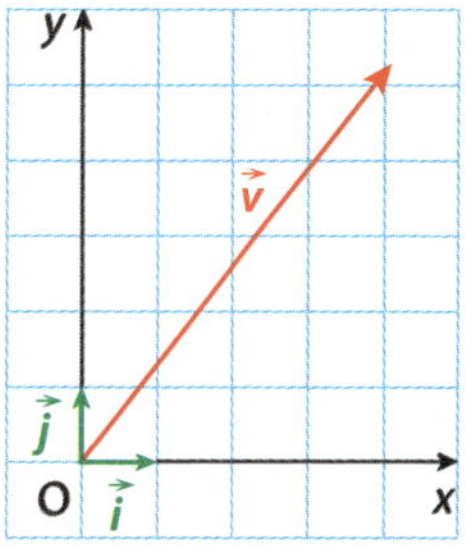

Dans le cas d'un mobile dont la vitesse s'exprime par $\vec{v} = 4{,}1\,\vec{i} + 5{,}3\,\vec{j}$, calculer la norme du vecteur vitesse.

v = ...

8 Calculer la norme du vecteur accélération Tle

Dans un repère cartésien $(O ; \vec{i}, \vec{j})$, l'expression du vecteur accélération peut s'écrire $\vec{a} = a_x \cdot \vec{i} + a_y \cdot \vec{j}$ où a_x et a_y sont respectivement les dérivées par rapport au temps de v_x et v_y. Considérons le cas du mouvement d'un point le long de l'axe (Ox) dont la vitesse est $v_x(t) = 20\,t - 8$ en $m \cdot s^{-1}$.

1. a_y vaut 0 $m \cdot s^{-2}$. **Cocher la réponse correcte.**

☐ Vrai ☐ Faux

2. Cocher le résultat correct de la norme du vecteur accélération.

☐ 12 $m \cdot s^{-2}$ ☐ 20 $m \cdot s^{-2}$ ☐ 8 $m \cdot s^{-2}$

9 Calculer la norme du vecteur accélération Tle

Un satellite en orbite circulaire autour de la Terre subit une accélération dont le vecteur s'écrit dans le repère de Frenet $\vec{a} = \frac{v^2}{R} \cdot \vec{n}$.

Calculer la norme du vecteur accélération dans le cas où $v = 7{,}8 \times 10^3\ m \cdot s^{-1}$ et $R = 6{,}5 \times 10^6$ m.

a = ...

10 Calculer la norme du vecteur accélération Tle

Un véhicule se déplace à la vitesse $v = 12{,}0\ m \cdot s^{-1}$ et prend un virage selon une trajectoire assimilable à une portion de cercle dont le rayon vaut $R = 185$ m. On utilise le repère de Frenet dans lequel le vecteur accélération peut s'écrire :

$$\vec{a} = \frac{v^2}{R} \cdot \vec{n} + \frac{dv}{dt} \cdot \vec{t}.$$

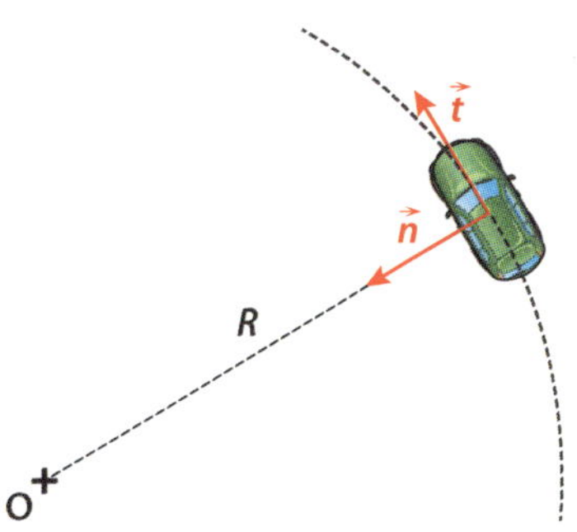

1. $\frac{dv}{dt}$ vaut 12,0 $m \cdot s^{-2}$. **Cocher la réponse correcte.**

☐ Vrai ☐ Faux

2. Cocher le résultat correct de la norme du vecteur accélération.

☐ 12,0 $m \cdot s^{-2}$ ☐ $6{,}49 \times 10^{-2}\ m \cdot s^{-2}$ ☐ $0{,}78 \times 10^{-1}\ m \cdot s^{-2}$

20 Calculer la somme et la différence de deux vecteurs

Je révise

Situation

Un parachutiste, modélisé par un point, effectue un saut. À un moment de sa chute, le poids $\vec{P}$ et les forces de frottements $\vec{f}$ sont modélisées par le schéma ci-contre. Afin de pouvoir appliquer le principe d'inertie, déterminons la somme des forces $\Sigma\vec{F} = \vec{P} + \vec{f}$ en utilisant l'échelle : 1,0 cm ↔ 2,0 daN.

? Comment calculer la somme de ces deux vecteurs ?

Méthode générale

Plusieurs méthodes sont possibles. Elles consistent à :
- représenter la somme de deux vecteurs et calculer la valeur de cette somme en utilisant l'échelle ;
- utiliser les coordonnées des vecteurs en les additionnant ou les soustrayant lorsqu'elles sont connues.

1 À partir d'un schéma

- Tracer les vecteurs bout à bout. Dans le cas d'une différence, le second vecteur sera représenté dans l'autre sens.
- Utiliser l'échelle fournie ou choisie afin de calculer la norme du vecteur résultant.

Fiche 19

Exemples

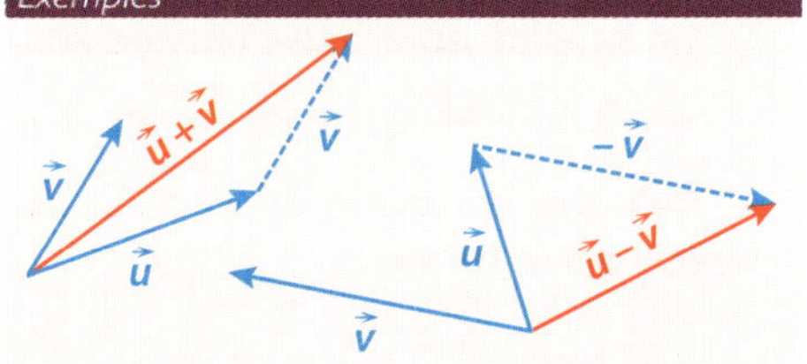

2 À partir des coordonnées

Soit deux vecteurs $\vec{G}\begin{pmatrix}G_x\\G_y\end{pmatrix}$ et $\vec{H}\begin{pmatrix}H_x\\H_y\end{pmatrix}$, le vecteur somme a pour coordonnées la somme des coordonnées :

$$\vec{G}+\vec{H}=\begin{pmatrix}G_x+H_x\\G_y+H_y\end{pmatrix}$$

Exemple

$\overrightarrow{AB}\begin{pmatrix}3\\-1\end{pmatrix}$ et $\overrightarrow{AC}\begin{pmatrix}1\\2\end{pmatrix}$ donne $\overrightarrow{AB}+\overrightarrow{AC}=\begin{pmatrix}3+1\\-1+2\end{pmatrix}=\begin{pmatrix}4\\1\end{pmatrix}$

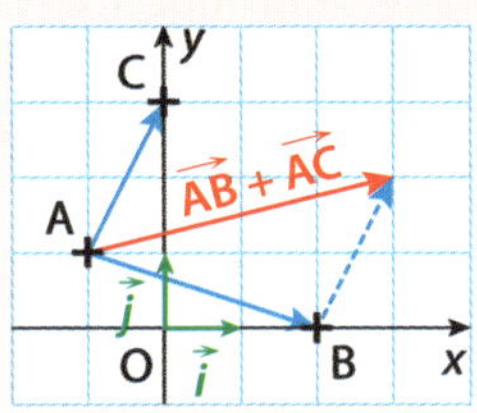

Conclusion

La somme des forces appliquées au parachutiste a pour norme $\|\Sigma\vec{F}\| = 6{,}0$ daN.

Exemples corrigés

Je comprends

1 Somme de vecteurs

Lors d'une simulation de chute libre « indoor », l'athlète est soumis à des forces colinéaires, son poids $\vec{P}$ de valeur 900 N et la force $\vec{f}$ exercée par le ventilateur de valeur inconnue.

Calculer la norme de cette force.

➤ Lorsqu'il est à l'équilibre, les forces se compensent et $\Sigma\vec{F} = \vec{0}$. Alors **la force $\vec{f}$ a pour norme 900 N** également.

Explication

$\Sigma\vec{F} = \vec{0}$ implique $\Sigma\vec{F} - \vec{P} + \vec{f} = \vec{0}$. Donc $\vec{P} = -\vec{f}$.
Les vecteurs sont opposés mais égaux en norme.

2 Calculer la norme de la réaction du support Tle

Un morceau de glace de masse m = 450 g glisse sans frottements sur un plan incliné de α = 30°.
Il est soumis à son poids $\vec{P} = P_x \cdot \vec{i} + P_y \cdot \vec{j}$ et à la réaction du support $\vec{R_N}$.

Calculer la norme du vecteur $\vec{R_N}$.

<u>*Donnée*</u> *:* L'intensité de la pesanteur vaut g = 9,81 N·kg⁻¹.

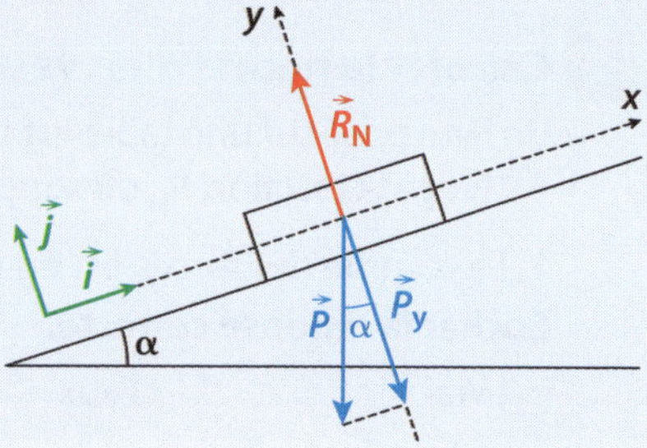

➤ La norme de R_N a pour valeur **R_N = 3,82 N.**

Explication

Sur l'axe perpendiculaire à la pente, $\Sigma\vec{F} = \vec{R_N} + \vec{P_y} = \vec{0}$.
Projetons sur l'axe vertical les vecteurs : $R_N - P_y = 0$ donc $R_N = P_y$.
$P_y = P \cdot \cos(\alpha) = m \cdot g \cdot \cos(\alpha)$
$R_N = 450 \times 10^{-3} \times 9{,}81 \times \cos(30) = 3{,}82$ N.

Exercices

Je me teste

1 Analyser l'énoncé

CORRIGÉ

Cocher la réponse correcte.

La Terre exerce une force d'attraction gravitationnelle sur la Lune de valeur $1{,}94 \times 10^{20}$ N. De la même façon, la Lune exerce une force égale et opposée. La somme des forces est alors un vecteur nul.

☐ Vrai ☐ Faux

2 Calculer la somme des forces

CORRIGÉ

Dans un repère cartésien $(O ; \vec{i}, \vec{j})$, un sauteur à l'élastique est soumis à un instant t aux forces suivantes : son poids $\vec{P} = -50\,\vec{j}$ et la tension de l'élastique $\vec{T} = 25\,\vec{i} + 45\,\vec{j}$.

Cocher l'expression correcte de la résultante des forces $\Sigma\vec{F} = \vec{P} + \vec{T}$.

☐ $25\,\vec{i} + 45\,\vec{j}$ ☐ $25\,\vec{i} - 5\,\vec{j}$ ☐ $25\,\vec{i} + 95\,\vec{j}$

3 Calculer la somme et la différence de vecteurs

CORRIGÉ

Pour chacune des situations, représenter puis calculer la norme de la somme et de la différence des vecteurs en utilisant l'échelle 1,0 cm ↔ 3,0 N.

Calcul de la somme $\vec{P}+\vec{f}$	Calcul de la différence $\vec{P}-\vec{f}$
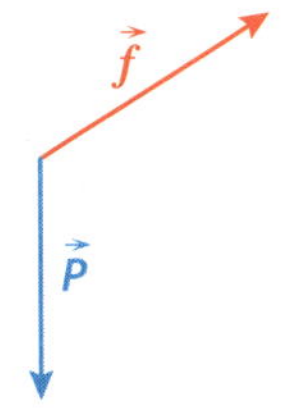	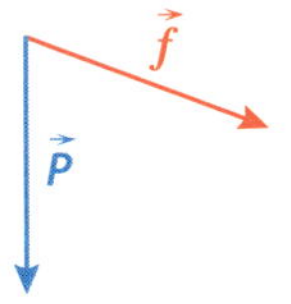
Somme :	Différence : ....

4 Calculer la norme d'un vecteur

Un livre posé sur une table est soumis à son poids $\vec{P}$ de norme 4,9 N et à la réaction $\vec{R}_N$ du support. Ces forces sont colinéaires.

1. La somme des forces est égale au vecteur nul.

Cocher la réponse correcte.

☐ Vrai ☐ Faux

2. **Cocher la réponse correcte concernant la norme de R_N.**

☐ – 4,9 N ☐ 4,9 N ☐ 9,8 N

5 Calculer une somme de plus de deux vecteurs

CORRIGÉ

Une skieuse est tirée par la perche d'un téléski.

Représenter puis calculer la norme du vecteur $\Sigma\vec{F}$ avec :

$$\Sigma\vec{F} = \vec{P} + \vec{T}_{perche} + \vec{R}_{piste} + \vec{f}_{neige}$$

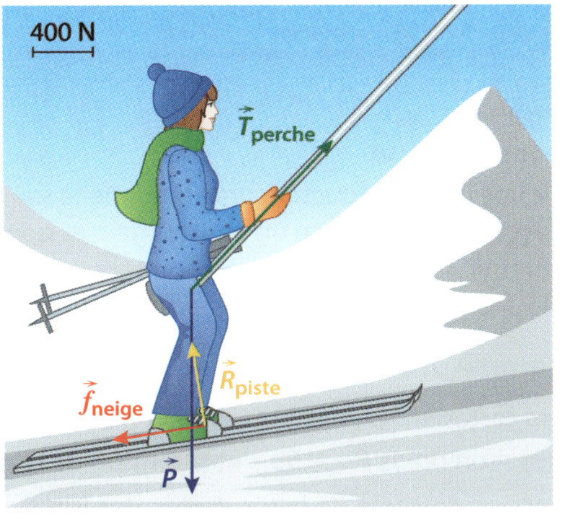

....

6 Calculer une somme de vecteurs symétriques

CORRIGÉ

Les forces exercées par les mains de l'haltérophile sur les haltères ont pour norme 1,5 kN et font un angle de 20° avec la verticale.

Calculer la norme de la résultante des deux forces $\Sigma\vec{F} = \vec{f_1} + \vec{f_2}$.

....

7 Calculer la somme des forces subies par une valise Tle

Une valise modélisée par un point est immobile sur un tapis roulant incliné de $\alpha = 30°$. Elle est soumise à son poids de norme 70 N. La force de frottements du tapis a pour norme 35 N et la composante normale de la réaction du support a pour norme 61 N.

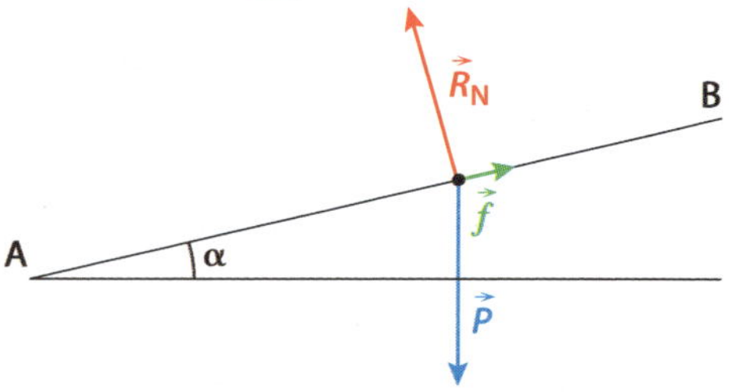

1. Cocher la valeur correcte de la norme de la réaction du support $\vec{R} = \vec{R_N} + \vec{f}$.

☐ 96 N ☐ 9,8 N ☐ 70 N

2. Cocher l'expression correcte de la norme de la somme des forces $\Sigma\vec{F} = \vec{P} + \vec{R_N} + \vec{f}$ selon la direction de déplacement.

☐ $P + R_N + f$ ☐ $f - P \cdot \sin(\alpha)$ ☐ $f - P \cdot \cos(\alpha)$

8 Calculer l'accélération d'un satellite Tle

Un satellite possède une trajectoire elliptique, son vecteur accélération dans le repère de Frenet s'écrit $\vec{a}\begin{pmatrix}1,5\\0,7\end{pmatrix}$.

Déterminer la norme du vecteur accélération.

....

....

....

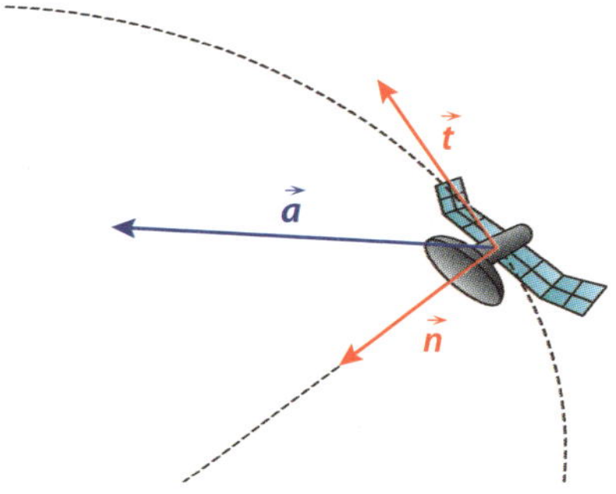

Le schéma n'est pas à l'échelle.

21 Équilibrer une équation de réaction

Je révise

Situation

Certaines gazinières utilisent l'énergie thermique dégagée par la combustion complète de méthane gazeux. Cette combustion est une transformation chimique modélisée par l'équation de réaction : $? \, CH_{4\,(g)} + ? \, O_{2\,(g)} \rightarrow ? \, CO_{2\,(g)} + ? \, H_2O\,(\ell)$

Comment équilibrer cette équation de réaction ?

Méthode générale

Elle consiste à trouver les **nombres stœchiométriques** à placer devant chaque entité de façon à vérifier la conservation des éléments et des charges électriques.

- Réaliser un tableau à deux colonnes, la première contenant les **réactifs**, la seconde les **produits**.
- Vérifier la présence des mêmes éléments chimiques dans les deux colonnes.
- Indiquer le nombre d'atomes de chaque entité dans chaque colonne. Pour cela, relever le chiffre placé en indice à droite de son symbole.

Pour rappel, le chiffre « 1 » ne s'écrit pas, il est sous-entendu.

- Placer des nombres ou des fractions devant les formules des entités pour, dans l'ordre :
  - équilibrer les éléments présents dans un seul réactif ou un seul produit ;
  - équilibrer les autres éléments.

Exemple

	Réactifs	Produits
	CH_4, O_2	CO_2, H_2O
Nombres d'atomes	1 C, 4 H, 2 O	1 C, 2 H, 3 O
Conservation de l'élément H	CH_4, O_2	CO_2, 2 H_2O
	1 C, 4 H, 2 O	1 C, 4 H, 3 O
Conservation de l'élément O	CH_4, 2 O_2	CO_2, 2 H_2O
	1 C, 4 H, 4 O	1 C, 4 H, 4 O

- Les éléments C et H ne sont présents que dans un seul réactif et un seul produit. On les traite en premier.
- Le nombre d'atomes de carbone C est déjà ajusté, 1 en réactif, 1 en produit. → **On ne change rien.**
- Le nombre d'atomes d'hydrogène H est de 4 dans les réactifs et de 2 dans les produits.
→ **On multiple par 2 le nombre de molécules de H_2O.**
- L'atome d'oxygène est présent 1 fois dans les réactifs, 2 fois dans les produits. Les produits contiennent au total 4 atomes d'oxygène. → **On multiplie dans les réactifs par 2 le nombre de molécules de O_2.**

- Dans le cas des ions, vérifier aussi que la charge électrique globale des réactifs est égale à celle des produits.

Conclusion

Résultat de l'équilibrage de l'équation de la réaction de combustion du méthane :

$$CH_{4\,(g)} + 2\,O_{2\,(g)} \rightarrow CO_{2\,(g)} + 2\,H_2O_{(\ell)}$$

Exemple corrigé

Je comprends

Réaction entre le métal aluminium et un acide

Lors de la réaction entre l'aluminium $A\ell_{(s)}$ et une solution acide contenant des ions $H^+_{(aq)}$, le métal est attaqué. Des ions aluminium III $A\ell^{3+}_{(aq)}$ et du dihydrogène $H_{2\,(g)}$ se forment.

Écrire et équilibrer l'équation de cette réaction.

➤ L'équation de la réaction est :

$$2\,A\ell_{(s)} + 6\,H^+_{(aq)} \rightarrow 2\,A\ell^{3+}_{(aq)} + 3\,H_{2\,(g)}$$

Explication

Équation	$\ldots A\ell_{(s)} + \ldots H^+_{(aq)}$ $\rightarrow$	$\ldots A\ell^{3+}_{(aq)} + \ldots H_{2\,(g)}$
Éléments présents	Aℓ et H	Aℓ et H
Équilibrer Aℓ	$\ldots A\ell_{(s)} + \ldots H^+_{(aq)}$ Aℓ : 1	$A\ell^{3+}_{(aq)} + \ldots H_{2\,(g)}$ Aℓ : 1
Équilibrer H	$A\ell + 2\,H^+_{(aq)}$ H : 2	$A\ell^{3+}_{(aq)} + H_{2\,(aq)}$ H : 2
Charge globale	$A\ell + 2\,H^+_{(aq)}$ Charge + : 0 + 2 = 2	$A\ell^{3+}_{(aq)} + H_{2\,(g)}$ Charge + : 3 + 0 = 3
Équilibrer les charges	Déterminer le plus petit commun multiple des charges électriques globales, soit $3 \times 2 = 2 \times 3 = 6$	
	Pour obtenir la même charge électrique globale, il faut : $\ldots A\ell_{(s)} + 6\,H^+_{(aq)} \rightarrow 2\,A\ell^{3+}_{(aq)} + \ldots H_{2\,(g)}$	
Recompter tous les éléments et équilibrer	Rééquilibrer les éléments Aℓ et H dans les réactifs et les produits : $2\,A\ell_{(s)} + 6\,H^+_{(aq)} \rightarrow 2\,A\ell^{3+}_{(aq)} + 3\,H_{2\,(g)}$	

Exercices

Je me teste

1 Réactions possibles ou impossibles

CORRIGÉ

Préciser s'il est possible ou impossible d'équilibrer les équations ci-après.

- $\ldots H_2 + \ldots C\ell_2 \rightarrow \ldots NH_3$ ....
- $\ldots C + \ldots O_2 \rightarrow \ldots CO_2$ ....
- $\ldots TiBr_4 \rightarrow \ldots Ti + \ldots Br_2$ ....
- $\ldots C + \ldots N_2 \rightarrow \ldots CO$ ....

2 Choisir la réponse correcte

CORRIGÉ

Quatre élèves ont déterminé les nombres stœchiométriques a, b et c de l'équation de réaction $a\,Cu + b\,O_2 \rightarrow c\,CuO$. Un seul a trouvé le bon équilibre.

Cocher la réponse correcte.

- ☐ $a = 1\,;\, b = 2\,;\, c = 2$
- ☐ $a = 2\,;\, b = 2\,;\, c = 1$
- ☐ $a = 2\,;\, b = 1\,;\, c = 2$
- ☐ $a = 2\,;\, b = 2\,;\, c = 2$

Exercices

3 Trouver les erreurs

Cocher les équations contenant des erreurs d'équilibrage.

- ☐ $C_6H_{12}O_6 + 5\,O_2 \rightarrow 6\,CO_2 + 6\,H_2O$
- ☐ $3\,A\ell + 3\,C\ell_2 \rightarrow 2\,A\ell C\ell_3$
- ☐ $2\,Na + C\ell_2 \rightarrow 2\,NaC\ell$
- ☐ $4\,C_3H_7O_2N + 15\,O_2 \rightarrow 7\,CO_2 + 14\,H_2O + 2\,N_2$

4 Équilibrer des équations comportant des ions

CORRIGÉ

Dans les équations de dissolution d'ions dans l'eau, trouver les nombres stœchiométriques manquants.

- ………. $Fe(OH)_{3\,(s)} \rightarrow$ ………. $Fe^{3+}{}_{(aq)}$ + ………. $HO^{-}{}_{(aq)}$
- ………. $PbI_{2\,(s)} \rightarrow$ ………. $Pb^{2+}{}_{(aq)}$ + ………. $I^{-}{}_{(aq)}$
- ………. $A\ell_2(SO_4)_{3\,(s)} \rightarrow$ ………. $A\ell^{3+}{}_{(aq)}$ + ………. $SO_4{}^{2-}$
- ………. $MgC\ell_{2\,(s)} \rightarrow$ ………. $Mg^{2+}{}_{(aq)}$ + ………. $C\ell^{-}{}_{(aq)}$

5 Trouver une équation de dissolution

CORRIGÉ

La dissolution du solide ionique $CuC\ell_{2\,(s)}$ produit des ions cuivre II $Cu^{2+}{}_{(aq)}$ et des ions chlorure $C\ell^{-}{}_{(aq)}$.

Écrire et équilibrer l'équation de cette dissolution.

……………………………………………………………………………………

6 Équilibrer avec atomes et molécules

Déterminer l'entité manquante pour que chaque équation soit équilibrée.

- $CH_4 + 2\,O_2 \rightarrow 2\,H_2O$ + ……………
- $3\,Fe + 2\,O_2 \rightarrow$ ……………
- $CO_2 + 4$ …………… $\rightarrow 2\,H_2O + CH_4$
- …………… $+ 11\,O_2 \rightarrow 7\,CO_2 + 8\,H_2O$

7 Synthétiser du dihydrogène

Équilibrer les différentes équations de réaction permettant par différentes méthodes d'obtenir du dihydrogène.

- ………. $H_2O \rightarrow$ ………. O_2 + ………. H_2
- ………. Mg + ………. $H^{+} \rightarrow$ ………. Mg^{2+} + ………. H_2
- ………. CH_4 + ………. $H_2O \rightarrow$ ………. CO + ………. H_2
- ………. $C_6H_9O_4$ + ………. $H_2O \rightarrow$ ………. CO + ………. H_2

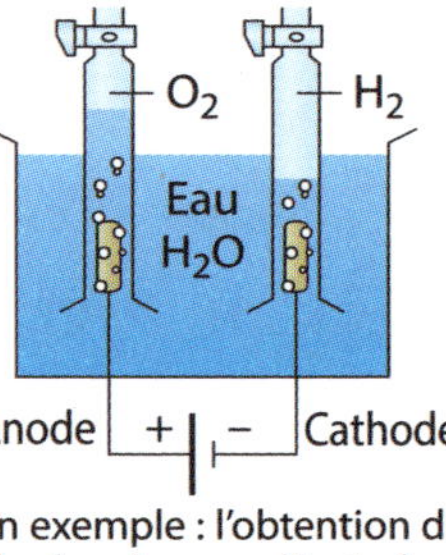

Un exemple : l'obtention du dihydrogène par électrolyse.

8 Équilibrer avec des ions

Déterminer les nombres stœchiométriques pour que chaque équation soit équilibrée.

- ………. $CaCO_3$ + ………. $H^{+} \rightarrow$ ………. Ca^{2+} + ………. CO_2 + ………. H_2O
- ………. $H_3PO_4 \rightarrow$ ………. H^{+} + ………. PO_4^{3-}
- ………. I^{-} + ………. $S_2O_8{}^{2-} \rightarrow$ ………. I_2 + ………. SO_4^{2-}
- ………. Fe^{2+} + ………. $CN^{-} \rightarrow$ ………. $Fe(CN)_6^{4-}$

9 Équilibrer avec un même réactif

En condition anaérobie, la dégradation du glucose $C_6H_{12}O_6$ peut produire soit du dioxyde de carbone et de l'éthanol C_2H_6O lors de la respiration cellulaire, soit uniquement de l'acide lactique $C_3H_6O_3$ lors de la fermentation lactique.

En condition anaérobie, le dioxygène n'est pas un réactif.

Compléter les deux équations de dégradation du glucose.

- Équation de la dégradation du glucose lors de la respiration cellulaire :

.... → .... CO_2 + 2 ....

- Équation de la dégradation du glucose lors de la fermentation lactique :

.... → 2 ....

10 Compléter une équation

Lors de la combustion incomplète de butanol $C_4H_{10}O$, différentes espèces carbonées se forment par manque de dioxygène.

Compléter l'équation de cette combustion incomplète pour une mole de butanol brûlé.

$C_4H_{10}O$ + ... O_2 → .... C + CO_2 + CO + ... H_2O

Équilibrer les atomes de carbone en premier.

11 Équilibrer les charges électriques

Déterminer le nombre d'électrons nécessaires pour équilibrer chaque demi-équation.

- $C\ell_2 + 4\ HO^- = 2\ H_2O + 2\ C\ell O^-$ + ... e^-
- $MnO_2 + 4\ HO^- = MnO_4^- + 2\ H_2O$ + ... e^-
- $MnO_4^- + 4\ H_2O$ + ... $e^- = Mn^{2+} + 8\ HO^-$

Les ions permanganate MnO_4^- sont violets ; les ions manganèse Mn^{2+} sont incolores.

12 Utiliser des nombres stœchiométriques fractionnaires

Compléter les nombres stœchiométriques fractionnaires.

- $HI_{(aq)}$ → .... $H_{2\,(g)}$ + ... $I_{2\,(aq)}$
- $C_4H_{10\,(g)}$ + ... $O_{2\,(g)} \rightarrow 4\ CO_{2\,(g)} + 5\ H_2O_{(\ell)}$
- $FeTiO_{3\,(s)}$ + ... $C\ell_{2\,(g)} + 3\ C_{(s)} \rightarrow TiC\ell_{4\,(s)} + FeC\ell_{3\,(s)} + 3\ CO_{(g)}$

13 Trouver une équation de combustion Tle

Lors d'une fondue, La combustion de l'éthanol C_2H_6O dans le dioxygène O_2 produit de l'eau H_2O et du dioxyde de carbone CO_2.

Équilibrer l'équation de la combustion de l'éthanol, pour une mole de dioxygène.

....

22 Interpréter une expérience de chimie par une équation de réaction

Je révise

Situation

Lors d'une séance de travaux pratiques, de l'acide nitrique ($H^+_{(aq)} + NO_3^-{}_{(aq)}$) est versé sur du cuivre $Cu_{(s)}$. Le professeur retourne ensuite le tube contenant le gaz incolore. Ce gaz forme alors des vapeurs rousses toxiques de dioxyde d'azote $NO_{2\,(g)}$:

État initial

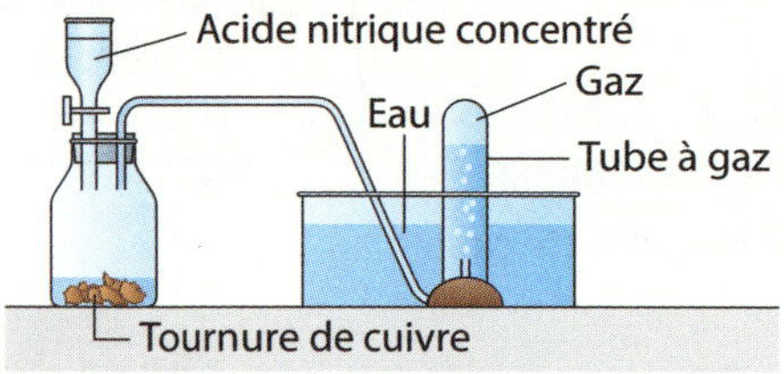

État final

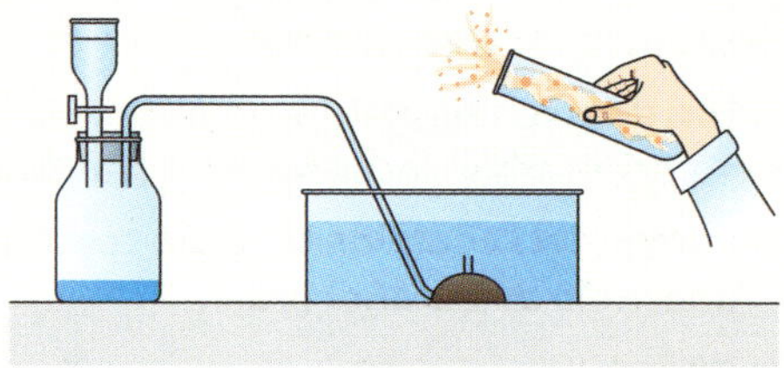

Deux équations de réaction sont envisageables :

① $Cu_{(s)} + 4\,H^+_{(aq)} + 2\,NO_3^-{}_{(aq)} \rightarrow 2\,NO_{2\,(g)} + 2\,H_2O_{(\ell)} + Cu^{2+}_{(aq)}$

② $2\,NO_{2\,(g)} + 2\,H_2O_{(\ell)} + Cu^{2+}_{(aq)} \rightarrow Cu_{(s)} + 4\,H^+_{(aq)} + 2\,NO_3^-{}_{(aq)}$

L'équation de réaction a pour objectif de modéliser la transformation chimique.

Comment choisir l'équation de réaction correcte à partir des observations ?

Méthode générale

Elle consiste à exploiter les observations afin d'identifier les réactifs et les produits, puis de déterminer leur formule à placer dans l'équation représentant la transformation chimique.

- À partir des observations, identifier les réactifs et les produits, puis écrire la formule de chaque entité.
- Écrire **les formules des réactifs** à gauche de la flèche et celles des produits à droite :

Réactifs → Produits

- Vérifier la conservation des éléments et de la charge électrique. Fiche 21

Exemple

Réactifs
• Le cuivre métallique : $Cu_{(s)}$ • L'acide nitrique : $H^+_{(aq)} + NO_3^-{}_{(aq)}$
Produits
• Vapeurs rousses toxiques : dioxyde d'azote $NO_{2\,(g)}$ • Coloration bleue : ions cuivre II en présence d'eau $Cu^{2+}_{(aq)}$

Conclusion

L'équation de cette réaction est l'équation ① :

$$Cu_{(s)} + 4\,H^+_{(aq)} + 2\,NO_3^-{}_{(aq)} \rightarrow 2\,NO_{2\,(g)} + 2\,H_2O_{(\ell)} + Cu^{2+}_{(aq)}$$

Exemple corrigé

Je comprends

Analyser un schéma

La combustion du butane gazeux C_4H_{10} dans l'air et l'identification des produits formés sont schématisés ci-contre.

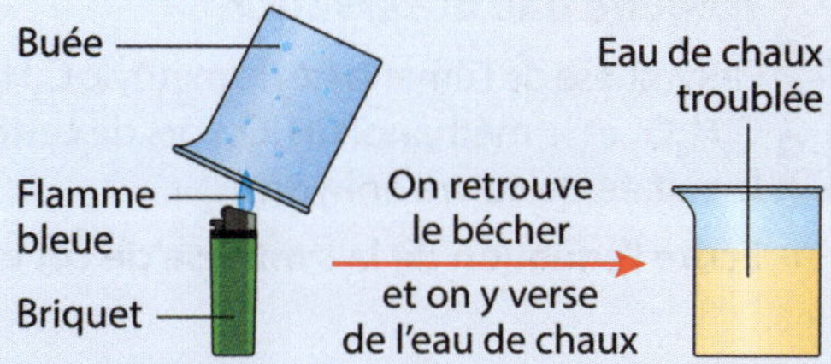

Écrire l'équation de cette combustion.

➤ L'équation de la réaction est :

$$C_4H_{10\,(g)} + \frac{13}{2} O_{2\,(g)} \rightarrow 4\ CO_{2\,(g)} + 5\ H_2O_{(g)}$$

Explication

Une équation de réaction doit être équilibrée afin que soit respectée la conservation des éléments. Fiche 21

- **Réactifs :** le butane $C_4H_{10\,(g)}$ et le dioxygène de l'air $O_{2\,(g)}$.
- **Produits :** le trouble de l'eau de chaux est dû au dioxyde de carbone $CO_{2\,(g)}$, la présence de buée à la formation d'eau $H_2O_{(g)}$. L'eau se liquéfie au contact du verre froid.

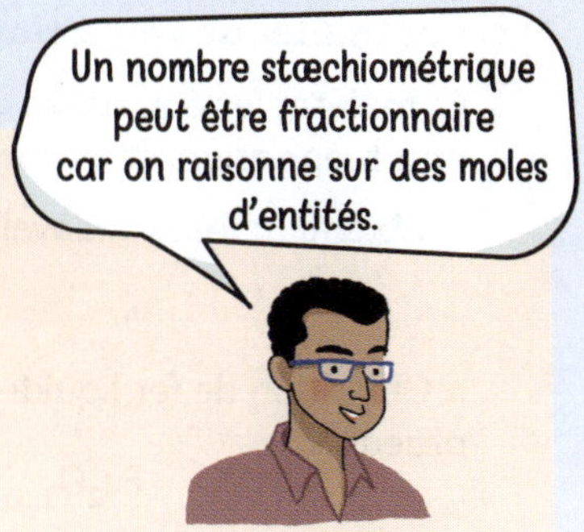

Exercices

Je me teste

1 Analyser des tests

CORRIGÉ

Pour identifier les produits formés lors de transformations chimiques, différents tests caractéristiques sont réalisés. Certains de ces tests sont basés sur la formation d'entités de différentes couleurs.

Entité	PbI_2	$AgC\ell$	$Fe(OH)_2$	$FeSCN^{2+}_{(aq)}$
Couleur	Jaune	Blanc	Vert	Rouge sang

Relier l'équation au test correspondant.

Ion testé	Ion réactif		
$Fe^{2+}_{(aq)}$	$HO^-_{(aq)}$	•	
$C\ell^-_{(aq)}$	$Ag^+_{(aq)}$	•	
$Fe^{3+}_{(aq)}$	$SCN^-_{(aq)}$	•	
$I^-_{(aq)}$	$Pb^{2+}_{(aq)}$	•	

	Équation
•	$Pb^{2+}_{(aq)} + 2\ I^-_{(aq)} \rightarrow PbI_{2\,(s)}$
•	$Fe^{3+}_{(aq)} + SCN^-_{(aq)} \rightarrow FeSCN^{2+}_{(aq)}$
•	$C\ell^-_{(aq)} + Ag^+_{(aq)} \rightarrow AgC\ell_{(s)}$
•	$Fe^{2+}_{(aq)} + 2\ HO^-_{(aq)} \rightarrow Fe(OH)_{2\,(s)}$

Exercices

2 Traduire une observation

CORRIGÉ

La synthèse de l'éthanoate de méthyle $C_3H_6O_2$ s'obtient par réaction entre l'acide éthanoïque $C_2H_4O_2$ et le méthanol CH_4O. Lors de cette réaction, il se forme aussi un liquide bleuissant le sulfate de cuivre anhydre.

Écrire l'équation de la synthèse de cet ester.

....

3 Compléter des équations

CORRIGÉ

Compléter les équations de réaction modélisant des transformations en trouvant les nombres entiers et les formules des entités manquants.

- Obtention d'eau de Javel par barbotage de dichlore gazeux dans une solution basique :

$$\ldots\ldots + \ldots\ldots HO^-_{(aq)} \rightarrow C\ell O^-_{(aq)} + H_2O_{(\ell)} + \ldots\ldots$$

- Obtention de fer liquide par oxydation d'oxyde de fer par du monoxyde de carbone gazeux :

$$Fe_2O_{3\,(s)} + 3\,\ldots\ldots \rightarrow \ldots\ldots Fe_{(\ell)} + 3\,\ldots\ldots$$

4 Analyser un schéma

CORRIGÉ

La réaction entre l'acide chlorhydrique ($H^+ + C\ell^-$) et du magnésium $Mg_{(s)}$ est schématisée ci-contre.

Choisir l'équation représentant la transformation observée.

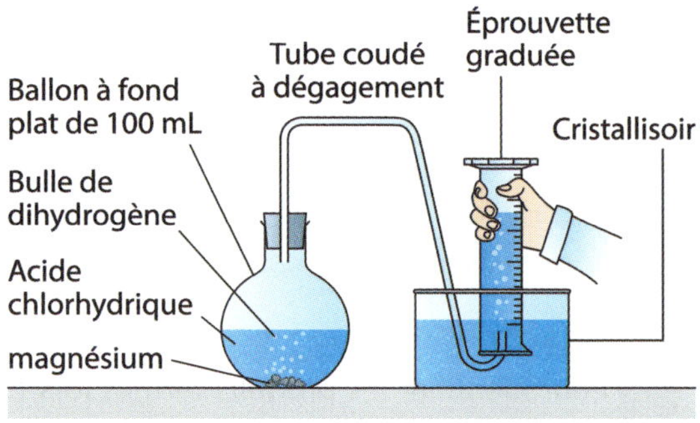

- ☐ $2\,H^+_{(aq)} + Mg_{(s)} \rightarrow H_{2\,(g)} + Mg^{2+}_{(aq)}$
- ☐ $H_{2\,(g)} + Mg^{2+}_{(aq)} \rightarrow 2\,H^+_{(aq)} + Mg_{(s)}$

5 Interpréter un changement de couleur

L'éthylotest jetable est positif lorsque sa couleur orange vire au vert, traduisant ainsi la présence d'éthanol C_2H_6O.

Entité	C_2H_6O	$Cr_2O_7^{2-}$	Cr^{3+}	$C_2H_4O_2$
Couleur	incolore	orange	vert	incolore

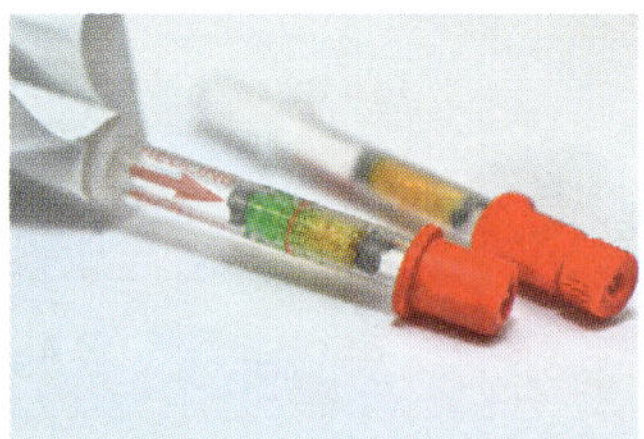

Cocher l'équation de la réaction évoquée.

- ☐ $16\,H^+ + 2\,Cr_2O_7^{2-} + 3\,C_2H_6O \rightarrow 4\,Cr^{3+} + 11\,H_2O + 3\,C_2H_4O_2$
- ☐ $3\,C_2H_4O_2 + 4\,Cr^{3+} + 11\,H_2O \rightarrow 2\,Cr_2O_7^{2-} + 16\,H^+ + 3\,C_2H_6O$

6 Raisonner d'après un résultat

Lors de la synthèse industrielle de l'ammoniac $NH_{3\,(g)}$, l'un des réactifs est le constituant gazeux majoritaire de l'air. L'autre réactif est un gaz identifiable par l'émission d'une petite détonation en présence d'une flamme.

Résumer cette synthèse sous forme d'une équation.

....

7 Utiliser le résultat d'un test

La combustion des alcools non cycliques de formule générale $C_nH_{2n+2}O_{(\ell)}$, avec *n* un entier naturel non nul, produit un gaz empêchant la combustion d'une bûchette incandescente et, après liquéfaction, un liquide donnant un test positif au sulfate de cuivre anhydre.

Écrire l'équation générale de cette combustion en fonction de *n*.

....

8 Déterminer une équation de titrage Tle

La conservation du vin peut être obtenue par ajout de dioxyde de soufre $SO_{2\,(g)}$. Un règlement fixant une valeur limite pour la concentration en dioxyde de soufre, un titrage du vin par une solution de permanganate de potassium $(K^+ + MnO_4^-)$ permet de vérifier si la concentration en $SO_{2\,(g)}$ respecte le règlement. L'équivalence est obtenue quand la solution devient de couleur violette.

Écrire l'équation du titrage réalisé.

Données : Couples oxydant/réducteur : $MnO_4^-{}_{(aq)}$ / $Mn^{2+}{}_{(aq)}$; $SO_4^{2-}{}_{(aq)}$ / $SO_{2\,(g)}$ et $SO_{2\,(g)}$ / $HSO_3^-{}_{(aq)}$.

....

9 Analyser un changement de couleur Tle

Une solution aqueuse de bromure de cuivre II $(Cu^{2+} + 2\,Br^-)$ est électrolysée avec des électrodes de graphite. Le dibrome est orange en solution aqueuse. Au cours de l'électrolyse, la solution se colore en orange et un dépôt rouge se forme sur une électrode.

Écrire l'équation de la réaction d'électrolyse.

Données : Couples oxydant/réducteur : $Cu^{2+}{}_{(aq)}$ / $Cu_{(s)}$ et $Br_{2\,(aq)}$ / $Br^-{}_{(aq)}$.

....

10 Raisonner sur un titrage Tle

L'acide citrique $C_6H_8O_{7\,(aq)}$ est un triacide présent en abondance dans le citron. Les trois acidités sont dosées par titrage pH-métrique en utilisant une solution d'hydroxyde de sodium $(Na^+ + HO^-)$. Il se forme un anion et de l'eau.

Écrire l'équation support du titrage complet.

Données : Couples acide/base : $C_6H_8O_{7\,(aq)}$ / $C_6H_5O_7^{3-}{}_{(aq)}$ et $H_2O_{(\ell)}$ / $HO^-{}_{(aq)}$.

....

23 Construire et utiliser un tableau d'avancement

Je révise

Situation

Lors de la combustion de 14 mol d'aluminium dans 12 mol de dioxygène, il se forme de l'alumine $Al_2O_{3\,(s)}$ selon l'équation : $4\,Al_{(s)} + 3\,O_{2\,(g)} \rightarrow 2\,Al_2O_{3\,(s)}$

Comment déterminer la quantité maximale de produit formé en utilisant un tableau d'avancement ?

Méthode générale

Elle consiste, en partant de l'équation de réaction, à faire un bilan de matière à l'état initial, en cours de réaction et à l'état final.

1 Construire un tableau d'avancement

① Établir l'équation de la réaction et la recopier dans le tableau.

② Remplir les cases donnant la **composition à l'état initial**.
Les quantités de matière sont soit fournies soit à calculer.

③ Remplir les cases donnant la **composition au cours de la réaction** en fonction de l'avancement x en mole.

④ Remplir les cases donnant la **composition de l'état final**.

État du système	Avancement x (en mol)	$a\,A$ +	$b\,B$ →	$c\,C$ +	$d\,D$
initial	$x = 0$	$n_i(A)$	$n_i(B)$	0	0
en cours	x	$n_i(A) - a \cdot x$	$n_i(B) - b \cdot x$	$0 + c \cdot x$	$0 + d \cdot x$
final	x_f	$n_i(A) - a \cdot x_f$	$n_i(B) - b \cdot x_f$	$0 + c \cdot x_f$	$0 + d \cdot x_f$

2 Utiliser un tableau d'avancement

- Déterminer l'avancement maximal x_{max} et le réactif limitant.
Pour cela, déterminer x_{max} pour chaque réactif à partir de la relation écrite ici pour A, $n_i(A) - a \cdot x_{max} = 0$: l'avancement maximal sera la plus petite des solutions de ces équations.
Le réactif limitant atteint x_{max} en premier.
- Calculer le taux d'avancement final : $\tau_{final} = \frac{x_f}{x_{max}}$.

Il est souvent utile de considérer les concentrations des espèces à la place des quantités de matière et l'avancement volumique au lieu de l'avancement : $x_V = \frac{x}{V}$.

Conclusion

Il se formera 7,0 mol de $Al_2O_{3\,(s)}$.

Exemple corrigé

Je comprends

Déterminer une composition à l'état final

L'équation de la réaction entre 3,0 mol de diiode $I_{2\,(g)}$ et 5,0 mol d'ions thiosulfate $S_2O_3^{2-}{}_{(aq)}$ est :

$$I_{2\,(aq)} + 2\,S_2O_3^{2-}{}_{(aq)} \rightarrow 2\,I^-{}_{(aq)} + S_4O_6^{2-}{}_{(aq)}$$

Déterminer la composition du système à l'état final.

➤ À l'état final, sont présents **0,5 mol de diiode I_2**, **5,0 mol d'ions iodures I^-** et **2,5 mol d'ions thiosulfate $S_2O_3^{2-}$**.

Explication

- **Établir le tableau d'avancement :**

État du système	Avancement x (en mol)	$I_{2\,(aq)}$	$+ 2\,S_2O_3^{2-}{}_{(aq)} \rightarrow$	$2\,I^-{}_{(aq)}$	$+ S_4O_6^{2-}{}_{(aq)}$
initial	$x = 0$	3,0	5,0	0	0
en cours	x	$3{,}0 - 1x$	$5{,}0 - 2x$	$0 + 2x$	$0 + x$
final	x_f	$3{,}0 - x_f$	$5{,}0 - 2x_f$	$0 + 2x_f$	$0 + x_f$

- **Déterminer x_{max} et le réactif limitant :**
  - Si I_2 est le réactif limitant, alors $3{,}0 - x_{max} = 0$, soit $x_{max} = 3{,}0$ mol.
  - Si $S_2O_3^{2-}$ est le réactif limitant, alors $5{,}0 - 2x_{max} = 0$, soit $x_{max} = 2{,}5$ mol.
  - 2,5 mol < 3,0 mol, donc $x_{max} = 2{,}5$ mol et l'ion $S_2O_3^{2-}$ est le réactif limitant.

- **Composition du système à l'état final :**

Par remplacement de x_f par x_{max} dans la dernière ligne du tableau :
- $n(S_2O_3^{2-}) = 0$ mol car c'est le réactif limitant ;
- $n(I_2) = 3{,}0 - 2{,}5 = 0{,}5$ mol ;
- $n(I^-) = 0 + 2 \times 2{,}5 = 5{,}0$ mol ;
- $n(S_2O_3^{2-}) = 0 + 1 \times 2{,}5 = 2{,}5$ mol.

Exercices

Je me teste

1 Analyser des affirmations

CORRIGÉ

Cocher la (ou les) réponse(s) correcte(s)

- L'avancement x :

☐ s'exprime en mol · L^{-1}.
☐ augmente au cours de la réaction.
☐ s'exprime en mol.
☐ diminue au cours de la réaction.

- À l'état final pour lequel les quantités de deux réactifs A et B sont $n_f(A) = 6{,}0 - 3x_{max}$ et $n_f(B) = 3{,}0 - 2x_{max}$:

☐ $x_{max} = 2{,}0$ mol
☐ le réactif limitant est le réactif A.
☐ $x_{max} = 1{,}5$ mol
☐ le réactif limitant est le réactif B.

Exercices

2 Déterminer un avancement maximal

La détermination d'un avancement maximal demande de déterminer la plus petite valeur des avancements maximaux des réactifs. Il faut pour cela résoudre autant d'équations que de réactifs présents. Ces équations peuvent être présentées sous la forme d'un système d'équation.

Relier les équations de réaction aux groupes d'équations à résoudre afin de déterminer l'avancement maximal x_{max} pour chaque réaction.

$\left.\begin{matrix} n_i - 5x_{max} = 0 \\ n_i - 8x_{max} = 0 \end{matrix}\right\}$ •	• $2\,A + \frac{5}{2}\,B \rightarrow 2\,C + 3\,D$ •	• $\begin{cases} n_i - 2x_{max} = 0 \\ n_i - \frac{5}{2}x_{max} = 0 \end{cases}$
	• $5\,A + 8\,B \rightarrow 3\,C + D$ •	

3 Appliquer la méthode

CORRIGÉ

La transformation du monoxyde de carbone, gaz toxique, en dioxyde de carbone, gaz moins toxique mais participant à l'effet de serre, est suivie au cours de son avancement.

Compléter le tableau d'avancement suivant pour divers avancements.

État du système	Avancement x (en mol)	$2\,CO_{(g)}$ +	$O_{2\,(g)}$ →	$2\,CO_{2\,(g)}$
initial	$x = 0$	4,6	3,0	0
en cours 1	x_1	....	$3{,}0 - x_1$	....
en cours 2	$x_2 = 1{,}5$	....	....	....
final	$x_{max} =$	....	....	....

4 Comprendre l'avancement

CORRIGÉ

Cocher la réponse correcte.

- Dans le cas d'une transformation totale, le réactif consommé en premier est dit « limitant » :

☐ Vrai ☐ Faux

- Si tous les réactifs sont consommés à la fin de la réaction, alors le mélange des réactifs à l'état initial était stœchiométrique :

☐ Vrai ☐ Faux

- La quantité de matière du réactif limitant à la fin de la réaction est égale à x_{max} :

☐ Vrai ☐ Faux

5 Prévoir un volume

CORRIGÉ

L'équation de la réaction du magnésium $Mg_{(s)}$, de masse $m = 3{,}5$ g, avec des ions zinc $Zn^{2+}{}_{(aq)}$ contenus dans une solution de sulfate de zinc $(Zn^{2+} + SO_4^{2-})$ et de concentration $c = 0{,}025\ mol \cdot L^{-1}$ est : $Mg_{(s)} + Zn^{2+}{}_{(aq)} \rightarrow Mg^{2+}{}_{(aq)} + Zn_{(s)}$

Déterminer le volume V de solution de sulfate de zinc nécessaire pour que le magnésium disparaisse entièrement.

Les réactifs sont totalement consommés.

Donnée : $M(Mg) = 24{,}3\ g \cdot mol^{-1}$.

Volume de solution : $V =$ ....

6 Utiliser un tableau d'avancement

Un morceau d'étain $Sn_{(s)}$ réagit avec de l'acide chlorhydrique ($H^+ + C\ell^-$) en excès en formant des ions $Sn^{2+}{}_{(aq)}$ et 243 mL de dihydrogène gazeux $H_{2\,(g)}$.

Déterminer la masse m(Sn) d'étain ayant réagi.

Données : $M(Sn) = 118{,}7\ g \cdot mol^{-1}$; $V_m = 24\ L \cdot mol^{-1}$.

Couples oxydant/réducteur : $Sn^{2+}{}_{(aq)} / Sn_{(s)}$ et $H^+{}_{(aq)} / H_{2(g)}$.

....

7 Exploiter un tableau d'avancement

Au cours d'une expérience, 5,0 mmol d'ions $Au^{3+}{}_{(aq)}$ réagissent avec 12 mmol de métal $Ag_{(s)}$ selon la réaction d'équation :

$$Au^{3+}{}_{(aq)} + 3\ Ag_{(s)} \rightarrow Au_{(s)} + 3\ Ag^+{}_{(aq)}$$

Calculer les quantités de matière encore présentes lorsque l'avancement a atteint la moitié de sa valeur maximale.

- $n(Au^{3+})$ = ... mmol
- $n(Ag)$ = ... mmol
- $n(Au)$ = ... mmol
- $n(Ag^+)$ = ... mmol

8 Trouver le réactif limitant

L'oxyde de manganèse $MnO_{2\,(s)}$ sert à fabriquer des céramiques de couleur noire. Dans un bécher, 20 mg de $MnO_{2\,(s)}$ sont mis en présence de 40 mL de sulfate de fer II ($Fe^{2+} + SO_4^{2-}$) de concentration $c = 0{,}010\ mol \cdot L^{-1}$, en milieu acide.

Déterminer le réactif limitant.

Il faut calculer la plus petite valeur de x_{max}.

Données : $M(MnO_2) = 86{,}9\ g \cdot mol^{-1}$.

Équation de la réaction : $MnO_{2\,(s)} + 2\ Fe^{2+}{}_{(aq)} + 4\ H^+{}_{(aq)} \rightarrow Mn^{2+}{}_{(aq)} + 2\ Fe^{3+}{}_{(aq)} + 2\ H_2O_{(\ell)}$

....

....

9 Déterminer un rendement

L'oxydation d'un volume $V = 4{,}0$ mL de benzaldéhyde liquide C_7H_6O en acide benzoïque $C_7H_6O_2$ est effectué par une masse $m = 3{,}16$ g de permanganate de potassium $KMnO_{4\,(s)}$, en présence d'excès d'acide sulfurique. Une masse $m' = 0{,}39$ g d'acide benzoïque est obtenue.

Calculer le rendement de la synthèse d'équation de réaction :

$$5\ C_7H_6O_{(\ell)} + 6\ H^+ + 2\ MnO_4^-{}_{(aq)} \rightarrow 5\ C_7H_6O_{2\,(aq)} + 2\ Mn^{2+}{}_{(aq)} + 3\ H_2O$$

Données : Masse volumique du benzaldéhyde : $\rho(C_7H_6O) = 1{,}04\ g \cdot mL^{-1}$.

Masses molaires en $g \cdot moL^{-1}$: $M(C_7H_6O) = 106$; $M(C_7H_6O_2) = 122$ et $M(KMnO_4) = 158$.

....

....

....

24 Écrire et équilibrer une équation d'oxydoréduction à partir d'une expérience

Je révise

Situation

L'éthylotest jetable est un test visuel simple basé sur un changement de couleur. La couleur orange du réactif passe au vert après réaction avec l'éthanol. Les couples redox concernés sont l'acide éthanoïque $C_2H_4O_2$ incolore / l'éthanol C_2H_6O incolore, et l'ion dichromate $Cr_2O_7^{2-}$ orange / l'ion chrome III Cr^{3+} vert.

Comment écrire et équilibrer l'équation d'oxydoréduction se déroulant dans l'éthylotest à partir du changement de couleur observé ?

Méthode générale

Elle consiste à relever tous les changements observés et à les associer à des couples redox, afin d'établir l'équation de la réaction d'oxydoréduction.

① Distinguer réactifs et produits en utilisant les observations de l'expérience.

② Identifier les oxydants et réducteurs ayant subi des changements pour chaque couple rédox.

③ Établir pour chaque couple la demi-équation associée **en plaçant les réactifs à gauche** :
- placer un signe « = » au milieu de la ligne, et écrire sur chaque ligne à gauche du signe l'oxydant ou le réducteur identifié à l'étape précédente, pour chaque couple ;
- équilibrer dans l'ordre tous les éléments chimiques autres que O et H, puis l'oxygène O en ajoutant si nécessaire des molécules d'eau H_2O, l'hydrogène H en ajoutant des ions H^+, et enfin les charges électriques en ajoutant des électrons. Fiche 21

Exemple

- **Réactifs :** l'ion dichromate $Cr_2O_7^{2-}$ orange est l'oxydant, l'éthanol C_2H_6O le réducteur.
- **Produits :** l'ion chrome III Cr^{3+} vert est le réducteur, l'acide éthanoïque $C_2H_4O_2$ l'oxydant.
- Demi-équation du couple oxydant/réducteur : Ox + n e⁻ = Red avec n le nombre d'électrons transférés.
- Écrire chaque demi-équation avec le réactif à gauche :

Pour le couple $Cr_2O_7^{2-}$ / Cr^{3+} :

$Cr_2O_7^{2-}{}_{(aq)} + 14\,H^+{}_{(aq)} + 9\,e^- = 2\,Cr^{3+}{}_{(aq)} + 7\,H_2O_{(\ell)}$ | × 4

Pour le couple $C_2H_4O_2$ / C_2H_6O :

$C_2H_6O + H_2O_{(\ell)} = C_2H_4O_2 + 4\,H^+{}_{(aq)} + 4\,e^-$ | × 9

④ Additionner les deux demi-équations en veillant à avoir le même nombre d'électrons cédés et gagnés. Pour cela, multiplier au besoin chaque demi-équation par un nombre entier.

⑤ Écrire l'équation de la réaction en la simplifiant.

Conclusion

$$3\,C_2H_6O + 2\,Cr_2O_7^{2-} + 16\,H^+ \rightarrow Cr^{3+} + 3\,C_2H_4O_2 + 11\,H_2O$$

Incolore — **orange** — **vert** — **incolore**

Exemple corrigé

Je comprends

Interpréter une expérience

Écrire l'équation bilan de l'expérience schématisée.

Données : Couples oxydant/réducteur : $Zn^{2+}_{(aq)} / Zn_{(s)}$ et $Cu^{2+}_{(aq)} / Cu_{(s)}$.

➤ Équation de la réaction : $Cu^{2+}_{(aq)} + Zn_{(s)} \rightarrow Cu_{(s)} + Zn^{2+}_{(aq)}$

Explication

Changements observés	Espèces concernées
Disparition de la couleur bleue de la solution initiale	Ion Cu^{2+}, oxydant du couple $Cu^{2+}_{(aq)} / Cu_{(s)}$
Apparition d'un dépôt rouge	Métal Cu, réducteur du couple $Cu^{2+}_{(aq)} / Cu_{(s)}$
Formation d'un précipité blanc lors du test à la soude	Présence d'ions Zn^{2+}, oxydant du couple $Zn^{2+}_{(aq)} / Zn_{(s)}$
	$Cu^{2+}_{(aq)} + 2\,e^- = Cu_{(s)}$ $Zn_{(s)} = Zn^{2+}_{(aq)} + 2\,e^-$
Équation de réaction :	$Cu^{2+}_{(aq)} + Zn_{(s)} \rightarrow Cu_{(s)} + Zn^{2+}_{(aq)}$

Exercices

Je me teste

1 Écrire une demi-équation

CORRIGÉ

Lors du dosage du diiode I_2 marron par les ions thiosulfate $S_2O_3^{2-}$, la couleur marron disparaît.

Écrire la demi-équation du couple intervenant dans le changement de couleur observé. La seule entité colorée est le diiode.

Données : Couples oxydant/réducteur : $I_{2\,(aq)} / I^-_{(aq)}$ et $S_4O_6^{2-}{}_{(aq)} / S_2O_3^{2-}{}_{(aq)}$.

....

2 Utiliser des couleurs

Le manganèse est un métal connu pour la variété des couleurs de ses composés, comme par exemple l'ion $MnO_4^-{}_{(aq)}$ violet, l'ion $MnO_4^{2-}{}_{(aq)}$ vert et le solide $MnO_{2\,(s)}$ brun.

Relier les demi-équations associées au changement de couleur correspondant.

Violet à vert ●   ● $MnO_4^{2-}{}_{(aq)} + 4\,H^+_{(aq)} + 2\,e^- = MnO_{2\,(s)} + 2\,H_2O_{(\ell)}$

Vert à brun ●   ● $MnO_4^-{}_{(aq)} + e^- = MnO_4^{2-}{}_{(aq)}$

3 Trouver des demi-équations

CORRIGÉ

Cette photographie montre le début et la fin de la réaction se produisant quand on plonge un tortillon de cuivre dans une solution incolore de nitrate d'argent.

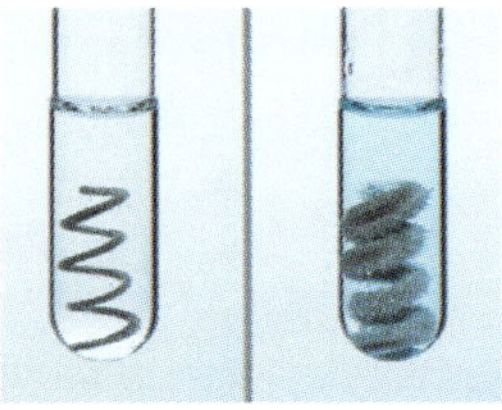

Indiquer le changement d'aspect observé pour chaque réactif, puis écrire les demi-équations correspondantes.

Données : Couples oxydant/réducteur : $Ag^+_{(aq)}$ / $Ag_{(s)}$ et $Cu^{2+}_{(aq)}$ / $Cu_{(s)}$.

Changements	Demi-équation
....	....
....	....

4 Compléter des équations

CORRIGÉ

Pour produire du dichlore $C\ell_{2\,(aq)}$ au laboratoire, des ions chlorure sont mis à réagir avec une solution de permanganate de potassium $(K^+ + MnO_4^-)$, en présence d'acide chlorhydrique $(H^+ + C\ell^-)$.

Données : Couples oxydant/réducteur : $C\ell_{2\,(aq)}$ / $C\ell^-_{(aq)}$ et $MnO^-_{4\,(aq)}$ / $Mn^{2+}_{(aq)}$.

Compléter les demi-équations correspondant à cette réaction écrite en milieu acide.

.... × | $MnO^-_{4\,(aq)}$ + ... H^+ + ... e^- = $Mn^{2+}_{(aq)}$ + ... $H_2O_{(\ell)}$

.... × | .... $C\ell^-_{(aq)}$ = $C\ell_{2\,(aq)}$ + ... e^-

.... $MnO^-_{4\,(aq)}$ + ... H^+ + ... $C\ell^-_{(aq)}$ → .... $Mn^{2+}_{(aq)}$ + ... $H_2O_{(\ell)}$ + ... $C\ell_{2\,(aq)}$

5 Observer la synthèse de l'eau

La synthèse de l'eau peut se réaliser à partir d'un mélange dit « détonant » constitué de deux gaz dont on a représenté les proportions et leurs caractérisations.

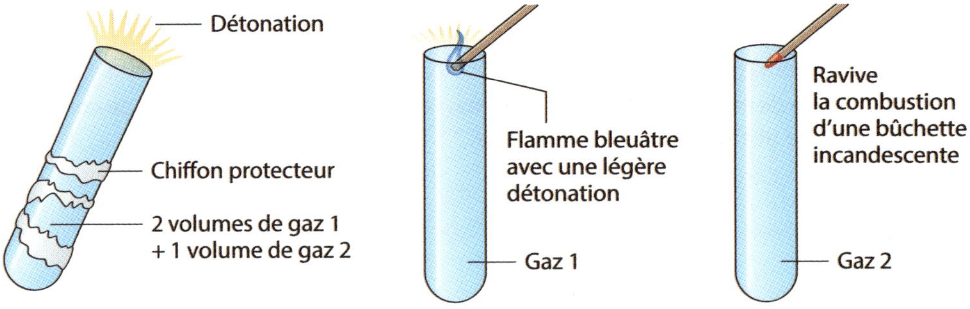

L'équation de cette synthèse est :

$$H_{2\,(g)} + \frac{1}{2} O_{2\,(g)} \rightarrow H_2O_{(\ell)}$$

L'équation écrite respecte la proportion observée des deux réactifs.

Cocher la réponse correcte.

☐ Vrai ☐ Faux

6 Écrire une équation de réaction

CORRIGÉ

Dans un bécher, des ions fer II $Fe^{2+}{}_{(aq)}$ réagissent avec des ions cérium IV $Ce^{4+}{}_{(aq)}$.
Par ajout de soude au mélange final, un précipité de couleur rouille se forme.

Données : Couples oxydant/réducteur : $Fe^{3+}{}_{(aq)}$ / $Fe^{2+}{}_{(aq)}$ et $Ce^{4+}{}_{(aq)}$ / $Ce^{3+}{}_{(aq)}$.

Écrire l'équation de cette réaction.

Identification du fer

Fe Fer métallique	Fe^{2+} Ion fer II	$Fe(OH)_2$ Hydroxyde de fer II	Fe^{3+} Ion Fer III	$Fe(OH)_3$ Hydroxyde de fer III
Métal rouge-orangé	*Solution verte*	*Précipité vert avec la soude*	*Solution rouille*	*Précipité rouille avec la soude*

....

7 Trouver une demi-équation d'oxydoréduction

En présence d'ions argent $Ag^{+}{}_{(aq)}$, le plomb $Pb_{(s)}$ s'oxyde en ions $Pb^{2+}{}_{(aq)}$ et un dépôt métallique argenté $Ag_{(s)}$ se forme.

Écrire la demi-équation de la réduction observée.

....

8 Équilibrer en milieu basique Tle

Dans une pile bouton, les réactifs présents dans une solution aqueuse basique sont l'oxyde d'argent $Ag_2O_{(s)}$ et le zinc $Zn_{(s)}$.

À partir de l'équation de la réaction écrite en milieu acide :

$$Ag_2O_{(s)} + Zn_{(s)} + 3\,H_2O_{(\ell)} \rightarrow 2\,Ag_{(s)} + Zn(OH)_4^{2-}{}_{(aq)} + 2\,H^{+}{}_{(aq)}$$

écrire l'équation de la réaction en milieu basique lorsque la pile débite.

Pour équilibrer en milieu basique, ajouter autant d'ions HO^- qu'il y a d'ions H^+ pour former des molécules d'eau, puis simplifier l'équation.

....

9 Analyser une dismutation Tle

Au cours d'une dismutation, une même espèce joue à la fois le rôle d'oxydant et de réducteur. Les ions $C\ell O^{-}{}_{(aq)}$ présents dans l'eau de Javel se dismutent quand la température augmente en donnant des ions chlorates $C\ell O_3^{-}{}_{(aq)}$ et des ions chlorures $C\ell^{-}{}_{(aq)}$.

Écrire l'équation de cette dismutation.

....

Corrigés

Résoudre et écrire le résultat d'un calcul

Fiche 1

1 Les grandeurs sont : poids, longueur, masse volumique, énergie. Les unités sont : volt, mètre par seconde, seconde, ampère.

3 Relier : quantité de matière et µmol ; masse et kg ; volume et dm³ ; masse volumique et g·dm⁻³.

9 $\Delta E_p = m \cdot g \cdot (z_A - z_B)$
et $\Delta E_c = \frac{1}{2} m \cdot (v_B^2 - v_A^2)$.

11 $v_A = \sqrt{\frac{2e \cdot U_{AC}}{m}}$

Fiche 2

2 $\frac{m}{V} = c_m$

4 $F_G = G \cdot \frac{m_A \cdot m_B}{d^2}$;
$\frac{1}{F_G} = \frac{d^2}{G \cdot m_A \cdot m_B}$;
$d^2 = \frac{G \cdot m_A \cdot m_B}{F_G}$; $d = \sqrt{\frac{G \cdot m_A \cdot m_B}{F_G}}$.

7 $z_A = \frac{p_B - p_A}{\rho \cdot g} + z_B$

8 $h = \sqrt{\frac{G \cdot m_T \cdot m_S}{F_{T/S}}} - R_T$

Fiche 3

2 $g = 1{,}60$

3

Masse (en kg)	Volume (en dm³)
2,6	2,0
6,5	5,0
3,0	2,3

4

Nombre d'atomes	Masse
1	$1{,}06 \times 10^{-25}$ kg
N	$5{,}3 \times 10^{-3}$ kg

6 Non.

Fiche 4

2 Épaisseur de la surface d'un cristal : $2{,}0 \times 10^{-4}$ m.
Rayon de la Terre : $6{,}400 \times 10^{6}$ m.
Volume d'une goutte d'eau : $5{,}0 \times 10^{-5}$ dm³.

3 Ordre de grandeur : 10^{-45} N.

10 pH = 1,6.

Fiche 5

2 2 h = 2 × 60 min = 120 min,
donc $N = \frac{120}{30} = 4$.

4 2,3525 h = 141,15 min
= 2 h 21 min 09 s = 8 469 s.
2,655 h = 159,3 min
= 2 h 39 min 18 s = 16 038 s.
4,455 h = 267,3 min
= 6 h 27 min 18 s = 9 558 s.

5 2 h 8 min 22 s

8 Il faut :
– convertir la distance en m pour obtenir Δt en s, puis diviser par 3 600 pour obtenir Δt en h ;
– convertir la vitesse en km·h⁻¹ pour obtenir directement Δt en h ;
– utiliser la formule $\Delta t = \frac{d}{v}$.

11 23,43146°
= 23° + 0,43146 × 60'
= 23° + 25,8876'
= 23° + 25' + 0,8876 × 60"
= 23° 25' 53,256"

Fiche 6

1 0,7 m³ = 7×10^5 cm³
50 mL = $5{,}0 \times 10^{-2}$ L
352 cm³ = $3{,}52 \times 10^{-1}$ dm³
2,5 L = 2,5 dm³
20 cL = $2{,}0 \times 10^{-1}$ L
12,5 mL = 12,5 cm³

3 25 cm³ de glucose : volume ; fiole jaugée de 125 mL : capacité ; ballon à fond plat de 500 mL : capacité ; pipette jaugée de 5,0 mL : capacité

6 $V = S \cdot e$
$V = (90 - 40) \times 10^4 \times (75 - 50)$
$V = 1{,}3 \times 10^7$ m³

8 $V = 8$ cm³.

9 Faux.

Fiche 7

2 321 g = 0,321 kg
62 hm = 62 × 10³ dm
213 m² = 2,13 dam²
2 050 L = 20,50 hL

3 33,0 cL = 330 mL
7,891 km = 789,1 dam
25 dm³ = 0,025 m³
28 346 cm² = 0,028 346 dam²

4 $V = 2{,}7 \times 10^{-5}$ m³.

7 4,2 L·min⁻¹ = 7,0 cL·s⁻¹
35 kg·m⁻³ = 35 g·L⁻¹

Fiche 8

3 1 lm = 1 lx·m²
1 lx = 1 lm·m⁻²

4 E_{pp} :
kg·N·kg⁻¹·m = kg·m²·s⁻².
E_c : kg·(m·s⁻¹)² = kg·m²·s⁻².
$E_m = E_{pp} + E_c$ donc E_m exprime aussi en kg·m²·s⁻².

6 Unité de la constante : m·K.

8 $U = R \cdot I$ → 1 Ω = 1 V·A⁻¹
$\tau = \frac{R}{L}$ → 1 Ω = 1 H·s
$\tau = R \cdot C$ → 1 Ω = 1s·F⁻¹
$\mathcal{P} = R \cdot I^2$ → 1 Ω = 1 W·A⁻²

Fiche 9

1 Relier : débit volumique et L³·T⁻¹ ; masse et M ; fréquence et T⁻¹ ; solubilité en masse et M·L⁻³.

2 Masse volumique : M·L⁻³
Masse molaire : M·N⁻¹
Vitesse : L·T⁻¹

4 Pa (pascal) : M·L⁻¹·T⁻² ;
C (coulomb) : I·T ; Hz (hertz) : T⁻¹

5 $[E_{pp}] = M \cdot M \cdot L \cdot T^{-2} \cdot M^{-1} \cdot L$
$= M \cdot L^2 \cdot T^{-2}$
$[E_{pe}] = M \cdot L \cdot T^{-2} \cdot L^{-1} \cdot L^2$
$= M \cdot L^2 \cdot T^{-2}$
$[E_{élec}] = M \cdot L^2 \cdot T^{-3} \cdot I^{-1} \cdot I \cdot T$
$= M \cdot L^2 \cdot T^{-2}$
$[E_{th}] = M \cdot L^2 \cdot \Theta^{-1} \cdot T^{-2} \cdot \Theta$
$= M \cdot L^2 \cdot T^{-2}$

Fiche 10

1

Nombre	Chiffres significatifs
2,4	2
0,024	2
$1{,}81 \times 10^{-3}$	3
240	3

4 2 chiffres significatifs.

5 Vrai.

7 Faux.

Fiche 11

1 $U = 4{,}0$ V.

2 Vrai.

4 $6{,}67 \times 10^{-11} \times \dfrac{6{,}0 \times 10^{24} \times 0{,}125}{(6{,}38 \times 10^{8})^2} = 1{,}2 \times 10^{-4}$ N

$6{,}67 \times 10^{-11} \times \dfrac{6{,}0 \times 10^{24} \times 400}{(6{,}74 \times 10^{8})^2} = 3{,}5 \times 10^{-1}$ N

5 $m = 0{,}25$ kg.

Fiche 12

2 **1.** $\bar{V} = 9{,}96$ mL.

2. Incertitude de type A.

3. $\sigma_9 = 0{,}27$ mL. **4.** $k_{95\,\%} = 2{,}26$.

5. $U(V) = 2{,}26 \times \dfrac{0{,}27}{\sqrt{10}} = 0{,}19$ mL.

6. $V = 9{,}96 \pm 0{,}19$ mL.

3 **1.** $U_m = 3{,}0 \times 0{,}5 = 1{,}5$ V.

2. Incertitude de type B.

3. $U(U_{max}) = \sqrt{2} \times \dfrac{2 \times 0{,}1}{\sqrt{12}} = 0{,}1$ V.

4. $U_{max} = 1{,}5 \pm 0{,}1$ V.

5 **1.** $i = \dfrac{d}{10} = 8{,}0 + 0{,}1$ mm.

2. $\lambda = \dfrac{i \cdot b}{D} = 6{,}3 \times 10^{-7}$ m.

3. Incertitude composée.

4. $U(\lambda) = 0{,}2 \times 10^{-7}$ m.

Fiche 13

1 $-\dfrac{di}{dt} = a \cdot i$; $\dfrac{dv}{dt} - a \cdot v = b$.

2 Faux.

3 • $L \cdot \dfrac{di}{dt} + R \cdot i = 0$

soit $L \cdot \dfrac{di}{dt} = -R \cdot i$.

• $i_g = A \cdot e^{-\frac{R \cdot t}{L}}$ avec A = cste.

• $0 + R \cdot i_p = E$ soit $i_p = \dfrac{E}{R}$.

• $i(t) = i_g + i_p = A \cdot e^{-\frac{R \cdot t}{L}} + \dfrac{E}{R}$.

• À $t = 0$ s, on a $i = 0$,

$0 = A \cdot e^{-\frac{R \times 0}{L}} + \dfrac{E}{R}$ d'où $A = -\dfrac{E}{R}$.

• Donc $i(t) = -\dfrac{E}{R} \cdot e^{-\frac{R \cdot t}{L}} + \dfrac{E}{R}$

$i(t) = \dfrac{E}{R} \cdot \left(1 - e^{-\frac{R \cdot t}{L}}\right)$.

4 L'équation différentielle du 1er ordre est :

$\dfrac{dT}{dt} + k \cdot T = k \cdot T_{air}$.

On part de l'équation sans second membre : $\dfrac{dT}{dt} + k \cdot T = 0$

soit $\dfrac{dT}{dt} = -k \cdot T$.

La solution totale est :

$T(t) = T_g + T_p = A \cdot e^{-k \cdot t} + T_{air}$.

A se détermine à partir de la condition initiale. On obtient :

$T(t) = (T_0 - T_{air})\, e^{-k \cdot t} + T_{air}$.

Dessiner et représenter

Fiche 14

1 Erlenmeyer ; support élévateur ; réfrigérant à air.

2

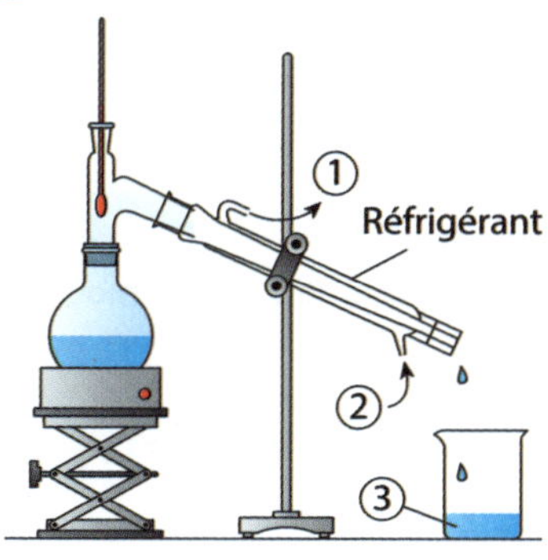

① Sortie d'eau ② Entrée d'eau

③ Distillat

4 Un schéma électrique se trace à main levée : vrai.

Un schéma d'optique se trace à la règle : vrai.

Un schéma de chimie se trace à la règle : faux.

5

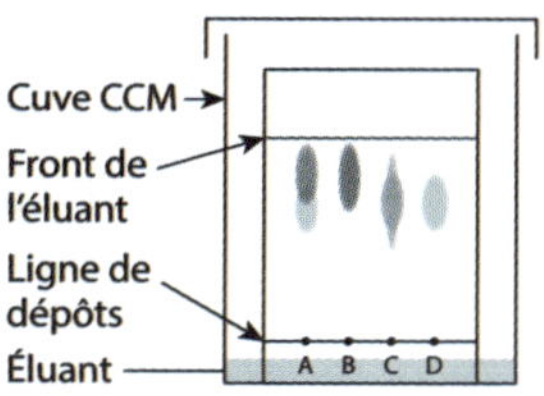

Fiche 15

1 Les unités et le 0.

2

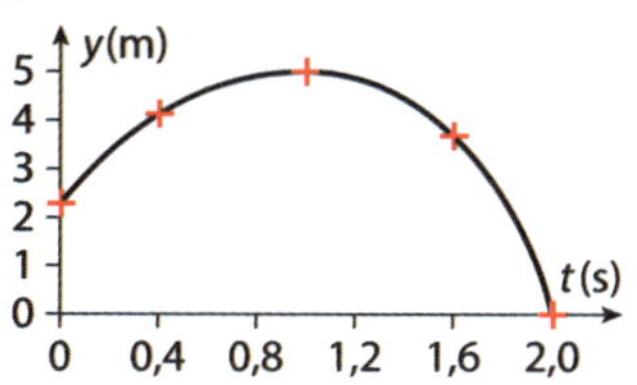

3

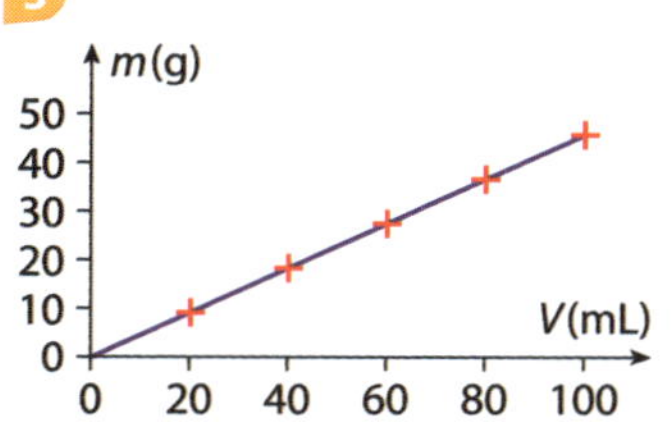

4 $200 \times \dfrac{2{,}8}{5{,}0}$.

5 Sur l'axe des abscisses :

$\ell = 2{,}3 \times \dfrac{7{,}0}{5{,}0} = 3{,}2$ cm.

Le report sur la courbe donne une ordonnée de mesure 2,7 cm.

Sur l'axe des ordonnées,

$x = 2{,}7 \times \dfrac{2{,}0}{1{,}3} = 4{,}2$ m.

Fiche 16

1 Faux.

2 Linéaire.

3 $U = 9{,}9 + 1{,}5\, I$.

4 **a.** $U = 4{,}7 \times 10^{2}\, I$. **b.** Vrai.

Fiche 17

1 **1.** Vrai. **2.** Faux.

2 **1.** $U = 9{,}4$ V. **2.** $I = 0{,}064$ A.

4 Sol dièse 3 322 Hz.

5 $T = 0{,}002\,25$ s.

Modéliser en physique

Fiche 18

2 Origine : véhicule. Direction : horizontale. Sens : sens du mouvement. Norme : en fonction de l'échelle choisie.

3 Par exemple, tracer un vecteur dirigé vers la droite en 2 par une flèche mesurant 9 mm, en 3 par une flèche mesurant 15 mm, en 4 par une flèche mesurant 26 mm. (mouvement accéléré)

4 **1.** Point d'application : centre de la Terre. Direction : droite passant par les centres du Soleil et le Terre. Sens : Vers le Soleil. Norme : 3,5 cm.
2. Tracer une flèche de 3,5 cm orientée vers la gauche depuis le centre de la Terre suivant le segment en pointillés.

7 La norme.

Fiche 19

1 Pour M_2M_3 = 12,0 m, $v_2 = 6{,}00 \times 101\ \text{m}\cdot\text{s}^{-1}$.
Pour M_2M_3 = 5,20 cm, $v_2 = 2{,}60 \times 10^{-1}\ \text{m}\cdot\text{s}^{-1}$.
Pour M_2M_3 = 3,50 km, $v_2 = 1{,}75 \times 10^{4}\ \text{m}\cdot\text{s}^{-1}$.

2 Le vecteur mesure 1,5 cm, donc avec l'échelle : $P = \frac{1{,}5 \times 2{,}0}{1{,}0} = 3{,}0$ N.

3 Faux.

5 $F_e = 1{,}6 \times 10^{-15}$ N.

Fiche 20

1 Vrai.

2 $\Sigma\vec{F} = 25\,\vec{i} - 5\,\vec{j}$.

3

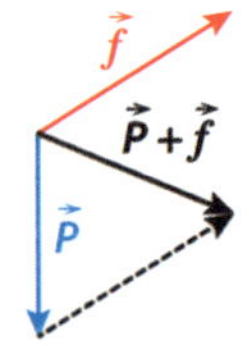

Somme : 1,6 cm soit 4,8 N.

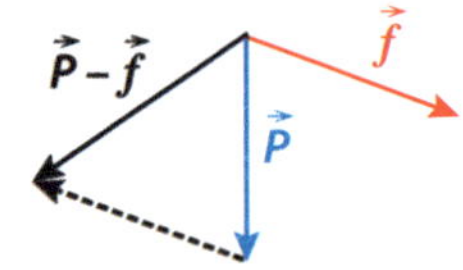

Différence : 1,8 cm soit 5,4 N.

5

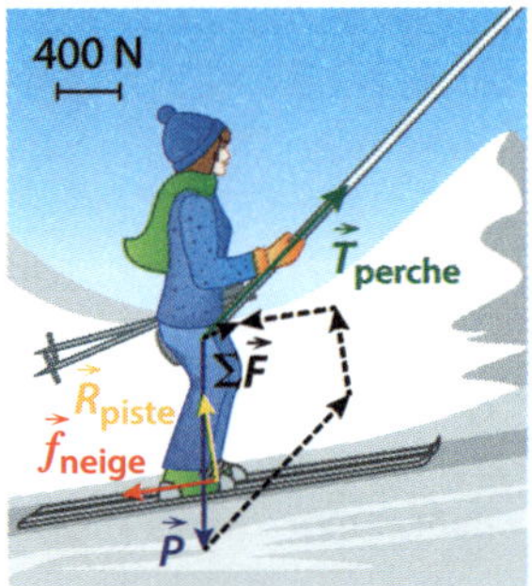

$\Sigma\vec{F}$ mesure 0,4 cm et l'échelle donne 0,7 cm pour 400 N, donc $\|\Sigma\vec{F}\| = \frac{0{,}4 \times 400}{0{,}7} = 2 \times 10^{2}$ N.

6 $\|\Sigma\vec{F}\| = 2 \times f_1 \times \cos(20°) = 2{,}8$ kN

Modéliser en chimie

Fiche 21

1

... H_2 + ... $C\ell_2$ → ... NH_3	Impossible
... C + ... O_2 → ... CO_2	Possible
...$TiBr_4$ → ...Ti + ... Br_2	Possible
... C + ... N_2 → ... CO	Impossible

2 $a = 2$; $b = 1$; $c = 2$.

4 $Fe(OH)_{3\,(s)} \rightarrow Fe^{3+}_{(aq)} + 3\,HO^-_{(aq)}$
$PbI_{2\,(s)} \rightarrow Pb^{2+}_{(aq)} + 2\,I^-_{(aq)}$
$A\ell_2(SO_4)_{3\,(s)} \rightarrow 2\,A\ell^{3+}_{(aq)} + 3\,SO_4^{2-}$
$MgC\ell_{2\,(s)} \rightarrow Mg^{2+}_{(aq)} + 2\,C\ell^-_{(aq)}$

5 $CuC\ell_{2\,(s)} \rightarrow Cu^{2+}_{(aq)} + 2\,C\ell^-_{(aq)}$

Fiche 22

1 Pour Fe^{2+} et HO^- : $Fe^{2+} + 2\,HO^- \rightarrow Fe(OH)_2$
Pour $C\ell^-$ et Ag^+ : $C\ell^- + Ag^+ \rightarrow AgC\ell$
Pour Fe^{3+} et SCN^- : $Fe^{3+} + SCN^- \rightarrow FeSCN^{2+}$
Pour I^- et Pb^{2+} : $Pb^{2+} + 2\,I^- \rightarrow PbI_{2\,(s)}$

2 $C_2H_4O_2 + CH_4O \rightarrow C_3H_6O_2 + H_2O_2$

3 $C\ell_{2\,(g)} + 2\,HO^-_{(aq)} \rightarrow C\ell O^-_{(aq)} + H_2O_{(\ell)} + C\ell^-_{(aq)}$
$Fe_2O_{3\,(s)} + 3\,CO_{(g)} \rightarrow 2\,Fe_{(\ell)} + 3CO_{2\,(g)}$

4 $2\,H^+_{(aq)} + Mg_{(s)} \rightarrow H_{2\,(g)} + Mg^{2+}_{(aq)}$

Fiche 23

1 L'avancement x augmente au cours de la réaction et s'exprime en mol. À l'état final, x_{max} = 1,5 mol ; le réactif limitant est le réactif B.

3 Pour x_1 : $n(CO) = 4{,}6 - 2x_1$ mol, $n(CO_2) = 0 + 2x_1$ mol.
Pour x_2 : $n(CO)$ = 1,6 mol, $n(O_2)$ = 1,5 mol, $n(CO_2)$ = 3,0 mol.
Pour x_{max} = 2,3 : $n(CO)$ = 0 mol, $n(O_2)$ = 0,7 mol, $n(CO_2)$ = 4,6 mol.

4 Vrai ; vrai ; faux.

5 V = 5,8 L.

Fiche 24

1 $I_{2\,(aq)} + 2\,e^- = 2\,I^-_{(aq)}$

3 Coloration bleue : $Cu_{(s)} = Cu^{2+}_{(aq)} + 2\,e^-$
Dépôt paillette argentée : $Ag^+_{(aq)} + 2\,e^- = Ag_{(s)}$

4 $2 \times |\ MnO_4^-{}_{(aq)} + 8\,H^+ + 5\,e^- = Mn^{2+}_{(aq)} + 4\,H_2O_{(\ell)}$
$5 \times |\ C\ell^-_{(aq)} = C\ell_{2\,(aq)} + 2\,e^-$
$2\,MnO^-_{4\,(aq)} + 16\,H^+ + 10\,C\ell^-_{(aq)} \rightarrow 2\,Mn^{2+}_{(aq)} + 8\,H_2O_{(\ell)} + 5\,C\ell_{2\,(aq)}$

6 $Fe^{2+}_{(aq)} + Ce^{4+}_{(aq)} \rightarrow Fe^{3+}_{(aq)} + Ce^{3+}_{(aq)}$